KB210477

도서출판 대장간은
쇠를 달구어 연장을 만들듯이
생각을 다듬어 기독교 가치관을
바르게 세우는 곳입니다.

대장간이란 이름에는
사라져가는 복음의 능력을 되살리고,
낡은 것을 새롭게 풀무질하며, 잘못된 것을
바로 세우겠다는 의지가 담겨져 있습니다.

www.daejanggan.org

IL MITO DEL MERCATO

Achille Rossi
Korean Translation by **Sungheon Ahn**

시장
신화

아킬레 로시

안성헌 옮김

시장 신화

지은이	아킬레 로시
옮긴이	안성헌
초판발행	2021년 1월 4일

펴낸이	배용하
책임편집	배용하
등록	제364-2008-000013호
펴낸곳	도서출판 대장간
	www.daejanggan.org
등록한곳	충남 논산시 매죽헌로1176번길 8-54
편집부	전화 041-742-1424 전송 0303-0959-1424

분류	사회과학	인간학	세계관
ISBN	978-89-7071-547-6 (03300)
CIP제어번호	CIP2020054247

값 10,000원

"내세울 힘 하나 없는 사람들이 자기 관심사를

말하고 떠드는 기술이 바로 민주주의다."

민주주의의 의미를 포괄적으로 요약하는 데 이 문구만큼 좋은 내용도 없을 것이다. 오늘날 경제는 경제 규칙에 익숙하지 않은 사람들 모두를 좌절감에 빠뜨릴 정도로 복합적이고, 전문적이며, 기술적이다.[1]

기술전체주의il tecnicismo는 민주주의를 왜곡하며, 민주주의를 대체하려 한다. 현 시대의 각종 문제는 그것을 이해하고 해결책을 제시할 수 있는 유일한 존재인 전문가들의 손에 달렸다. 그러나 필자는 목소리를 높여 이렇게 외치고 싶다.

수백만의 생사를 좌우하는 경제가 관건이며, 그렇기 때문에 경제는 우리의 삶과 매우 특별한 관계를 맺는다.[2] 1998년에 겪었던 경험을 간략히 소개하려 한다. 그해 9월에 필자는 베를린에서 열린 국제금융기구와 세계은행의 정책과 관계된 인권재판소 회의에 참여했다. 정회停會가 선언되어 커피를 마시러 잠시 밖에 나왔다가 멕시코 출신의 고위 성직자이자 쿠에르카바나 지역의 주교인 멘데스 아르세오Mendez Arceo 와 만나 사담을 나눴다. 그는 필자에게 로마에서 공부했던 이야기, 이탈리아에서 체류했던 이야기를 들려줬다. 우리는 서로의 이야기에 공감했다. 순간 필자는 그에게 농담반 진담반으로 다음과 같이 물었다.

"신부님께서는 팔순 고령이시고, 교구를 담당하시는 주교이십니다. 경제학자, 정치학자, 법학자가 주요 대담자로 참가한 이 회의에 계신 이유가 무엇인가요?"

그의 얼굴은 갑자기 심각해졌고, 내게 다음과 같은 답이 돌아왔다.

"외채는 우리 민중들의 삶이며 피입니다."

이 말이 필자의 뒤통수를 강하게 후려쳤다. 통계, 수치,

지성 담화의 이면에는 무수한 사람들의 목숨과 피가 있다.

오늘날 세계 곳곳에서 소득 격차의 심화, 부와 기술력의 편중 현상이 나타난다. 권력은 점점 특정 소수에게 환원되는 추세이다. 이 상황에서 우리는 매우 심각하고 긴박한 물음, 특히 경제 문제와 마주한다.3) 오늘날 경제 기구들에게, 지구인 절대 다수는 불필요한 존재들로 보이며, 가난한 사람은 굴러다니는 쓰레기, 진부한 물건 취급을 받는다. 마치 계절 변화를 수용하듯, 세계화를 "반드시" 수용해야 한다고 믿는 문화가 우리를 지배하기 시작했다.4) 그리고 그 곳에서 우리의 자유는 흡사 '투명 인간' 인양 무시된다. 기독교 전통의 영향을 받은 자들도 이러한 문화와 유사한 태도를 보인다는 사실이 그저 놀라울 뿐이다.5) 그러나 1514년 바르톨로메 데 라스 카사스를 성만찬 축일과 '엔코멘데로encomend-ero'6)로서의 삶에서 끊어낸 '집회서'의 구절처럼, 기독교 전통의 영향을 받은 이들이 위대한 성서의 말씀들을 기억한다면, 그것은 생명에 위협을 가하는 우상숭배 체제에 맞설 수 있을 대비책이 될 것이다. 라스 카사스의 비판과 예언자 임무가 여실히 드러난 구절을 보다 '자세히' 인용하겠다.

아비 면전에서 아들을 희생 제물로 삼는 자는 빈자의 재산을 강탈해 희생물을 드리는 자다. 하찮은 자들의 밥은 곧 빈자들의 목숨이며, 이들의 목숨을 앗아간 자들이야말로 살인자다. 이웃의 식량을 빼앗는 자는 이웃을 죽이는 자며, 노동자의 임금을 빼앗는 자는 그들의 눈에 피눈물이 흐르게 하는 자다.

라틴아메리카 철학자 엔리케 두셀Enrique Dussel은 이 구절을 "당시 경제 뿐 아니라, 오늘날 경제 상황에서도 탁월성과 타당성을 겸비한 신학적 표현"[7)]이라 말한다.

사실 이스라엘의 예언자들과 예수가 강고하게 발전시킨 윤리와 비판의 문화적 뿌리는 매우 깊다. 5,000년 전 고대 이집트의 『사자死者의 서』에 등장하는 구절도 비슷한 내용을 전한다. 특히 그 내용은 복음서와도 매우 유사하다.

나는 빈자의 재산을 도적질하지 않았다.
나는 그들을 굶주리게 하지도 않았다.
나는 저울추에 무게를 더하지 않았다.

나는 저울의 무게를 속이지도 않았다.

나는 폭력으로 물건을 강탈하지 않았다.

나는 주린 자에게 밥을 주었고, 목마른 자에게 물을 주었으며, 벌거벗은 자에게 옷을 입혔고, 난파당한 자에게 배를 내 주었다.

21세기 그리스도인들에게 닥친 거대한 도전은 철학이나 신학의 문제가 아니라 경제 문제이다. 우리는 경제 영역에서 복음서가 도입했던 사랑의 방식, 역사의 거대한 움직임에서 출현하는 새로운 사랑의 방식이 현실 변혁을 이룰 수 있는지를 확인할 것이다. 서구 문화와 반대로, 경제의 정체正體를 꿰뚫어 본 전문가들은 다름 아닌 경제의 결과물을 오롯이 감내해야 하는 자, 즉 남반구 "대지의 저주받은 자들"이다. 이 말을 되살리는 일이 관건이다.

인간학적 시각

우리가 경제와 유관하다는 사실, 그 역할이 극적이라는 사실을 인정한 이상, 이 관계에 대한 숙고를 구체적으로 드러내는 작업이 필요하다. 이 책의 집필 목적 가운데 하나는 다음과 같은 질문들과 깊게 관련되어 있다. '우리 삶의 전부분을 장악한 지배 경제 체제의 토대를 결정하는 자는 누구인가? 누가 지배 경제 체제를 제시하는가?' 이 물음에 대한 정확한 연구가 필요하다. 동시에, 지배 경제와 거리를 두려는 이들에 관한 연구도 병행되어야 한다.

혹자는 지식인인 필자를 특권층이라 지적할 수도 있을 것이다. 솔직히 말해, 지식인들은 현실 경제의 만행을 지적하고 비판할 수 있었지만, 언제나 소심하게 대응했다. 필자는 이 부분을 오래전부터 이야기했다. 관건은 체제 지지자들의 민낯을 폭로할 수 있는 인간학이다. 이것은 단순히 지적 호기심을 충족할 요량으로 제기된 논제가 아니다. 즉 경제 문제가 단지 기술, 경제, 순수 정치의 문제가 아니라 인간학 본연의 문제에 해당한다는 사실을 깨닫는다면, 우리는 해체와 재건을 시작할 수 있는 단초를 발견할 수 있을 것이다. 학문을 바라보는 하이데거의 시선을 빌어, 필자는 다음과 같이 말한다. '경제 문제는 경제학의 문제가 아닌 인간학의 문제이다.' 이러한 시각에 역점을 두고, 필자는 일군의 라틴아메리카 해방 신학자들의 주장을 인용하려 한다. 이들은 경제와 신학의 밀월 관계를 들췄으며, "현실에 존재하는 시장과 자본주의 체제의 추잡한 '신학화' 작업"을 가감 없이 폭로했다.8) 오늘날 남반구의 학자들은 브라질 시인 모아시르 펠릭스Moacyr Félix의 날선 표현인 "소유는 곧 신의 죽음"을 확신한다. 또한 이 신학자들은 현실 체제의 토대인 '우상숭배의 탈신화화'를 강조한다.9) 달리 말해, 이제 우리는 인간학을 더 이상 추상 단계에서만 논할 수 없다.

진공 상태에서 이론화 작업을 추진하는 우를 범하지 않기 위해, 공식 수치와 자료를 바탕으로 경제 체제의 기능에 대한 전반적인 윤곽을 그릴 필요가 있을 것이다. 세 가지 정도로 간략하게 다뤄보자.

필자는 1998년 9월에 발표된 『발전에 관한 비정부 기구 연간 보고서』에서 첫 번째 자료를 발췌했다. 이 보고서에 따르면, 오늘날 세계의 8억 4천 1백만 명은 영양실조 상태이며, 10억 3천만 명은 식수난에 시달린다. 10억 명 가량의 인구가 적절한 주거 공간에서 살지 못하며, 8억 8천만 명은 의료보건 서비스에 접근하기 어려운 형편이다. 또한 26억 가량의 인구가 기본적인 위생 시설조차 구비되지 않은 곳에서 생활

한다. 이 수치가 얼마나 비참한 수준인지를 알려면, 우리는 좀 더 구체적으로 인간의 생활 현실을 확인할 필요가 있다. 남반구 세계를 체험한 사람들은 식수난, 보건 서비스 부재, 주거지 소유 불가의 의미를 확실히 알 것이다. 이런 세계가 있다. 우물을 찾기 위해 시골 마을을 매일 떠돌아 다녀야 한다. 계절풍이 불 때면, 아이들을 품에 안고 뜬 눈으로 밤을 지내야 한다. 오두막이 침수될 수도 있고, 자칫 이질에 걸려 죽을 수도 있기 때문이다. 전술한 수치는 체제의 배제 정도를 적나라하게 드러내며, 현 체제가 오로지 소수를 위해 작동한다는 사실을 여과 없이 보도한다. 이 책 25쪽에 나오는 "샴페인 잔" 모양의 도표로 해당 내용을 가시화해 보자. 세계 인구를 20%씩 다섯 부분으로 나누고, 이를 도식적으로 설명하면 다음과 같다. 최상위층 20%가 세계 자원의 82.7%를 점유한다. 그 다음 20%는 11.7%, 세 번째는 2.3%, 네 번째는 1.9%를 소유한다. 맨 마지막에 해당하는 극빈층 20%는 단 1.4%를 소유할 뿐이다.

세계 경제의 통계 자료에 국한하지 않고 현실을 보다 역동적으로 표현한 자료를 참고하면, 매우 인상적인 내용들과 수치들을 확인할 수 있다.2차보도 세계 무역의 76%가 유럽, 미국, 일본의 삼각 지대에서 이뤄진다.10) 인류의 15%가 전체 에너지의 85%, 저축 예금의 92%, 연구비의 99%를 독점한다. 1998년 현재 인구 6억 5천만 명의 아프리카 대륙11)은 무역에 있어 투명 인간이나 다름없다. 왜냐하면 아프리카는 국제적으로 이뤄지는 상품 교환에 단 2%를 차지하기 때문이다. 독자들은 위 수치들을 통해 세계의 자원이 얼마나 북반구 세계에 치중되었는지를 확인할 수 있을 것이다.

지금까지 간략하게 소개한 현실 경제 체제의 기능을 보완하기 위해, 1997년 판 『브리태니커 백과사전』3차보도에 제시된 자료들을 집중적으로 다루겠다.

독자들은 제시될 자료들을 정확히 읽기 바란다. 경제 삼각주를 형성한 위 국가들의 부는 라틴아메리카의 열 배에 달한다. 유럽의 부는 사하라이남 아프리카 국가들보다 열두 배 많으며, 사하라이남 아프리카인들의 일일 생활비는 평균 0.33 달러이다. 인도와 중국의 거주민들은 생존을 위해 하루 1달러와 1.5달러를 필요로 한다. 또한 아프리카인들의 평균 기대 수명은 50세가 채 되지 않는다.

이러한 현실은 단지 경기 변동의 불황 때문에 발생하지 않는다. 문제는 이것이 경제 "구조"이고 점점 악화될 것이라는 데 있다.

국제연합의 보고에 따르면, 획기적인 변화가 없는 한 2025년 세계의 빈부 격차는 현재의 78% 대 21%에서 83%대 17%로 심화될 것이다. 현재 우리가 확인할 수 있듯, 20세기 후반 민족의 발전과 평화 시대를 예견했던 보고서 「민족들의 발전」*Populorum Progressio*의 낙관론은 완벽한 망상이다. 평화 시대에 돌입하기는커녕, 오히려 저개발 시대가 되었다. 저개발 시대란 경제 이데올로기의 승리를 통해 규정되는 시대를 말한다. 위에서 이야기한 유럽·북미·일본의 경제 삼각주가 문화 중심부 전체를 독식하고 "세계 인구 2/3를 배제하는 현실을 수용하도록 한"[12] 장본인이 있다. 바로 '신자유주의'이다.

우리는 신자유주의 사상의 문화 주도권을 쥐고 우리 시대에 지대한 영향력을 발휘한 레이건과 대처의 힘을 저평가하지 말아야 한다. 대학 총장에서 재단에 이르기까지, 동일한 선율의 음악이 사고방식에 영향을 미쳤다. 이 음악은 민중

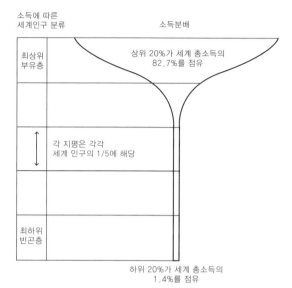

소득에 따른
세계인구 분류

소득분배

최상위
부유층

상위 20%가 세계 총소득의
82.7%를 점유

각 지평은 각각
세계 인구의 1/5에 해당

최하위
빈곤층

하위 20%가 세계 총소득의
1.4%를 점유

이 도표는 소득 분배를 보여준다. 세계 인구의 최상위 20%가 세계 총소득의 82.7%를 점유한다. 반면, 인구 최하위 20%가 총소득의 단 1.4%를 점한다. 세계의 경제 성장은 밑바닥 층과 거의 상관없다. 세계의 소득 분배 문제와 관련해, 확인 가능한 재분배 비율은 다음과 같다.

세계 인구	세계 소득
최상위 20%	82.7 %
차상위 20%	11.7 %
중 간 20%	2.3 %
차하위 20%	1.9 %
최하위 20%	1.4 %

계급들에 퍼졌던 확신과 예측 능력을 억누르면서 빈곤국의 사고구조와 상식에까지 마수를 뻗는다.13) 서구 국가들에서 신자유주의 이데올로기는 지배 체제에 대항할 수 있는 사회 운동들을 철저히 오염시켰다. 심지어 전통적인 좌파/우파의 구별도 없앴다. 경제가 정치를 규정하는 신자유주의 체제에서, 좌파/우파의 시각은 사실상 대동소이하며, 결국 상호수렴이라는 결과를 낳을 뿐이다.

경제의 변신

　지난 30년 동안 세계 경제에 도래했던 변화를 자각하지 않
는다면, 체제의 기능에 대한 우리의 시각은 매우 편협하고
지엽적인 수준을 벗어나기 어려울 것이다. 전문가들에 따
르면, 오늘날 중요한 현상은 '경제 금융화la finanziarizzazione
dell'economia' 이다. 즉 산업 경제에서 금융 경제로의 이행이
다.14) 이 현상 자체를 수치로 표현하면 다음과 같다. 오늘날
세계의 연간 재화 및 용역 생산량은 단 4일의 재정 교환 값과
등가等價이다. 따라서 경제는 금융 대주주들의 손아귀에 있
다. 수잔 조지에 따르면, 산업 자본은 금융 자본에 대한 전
의를 상실했다.15) 따라서 각종 산업 집단은 거대 금융 집단
과 동일시되는 조건에서만 비중을 갖는다.

정치권력도 상황은 마찬가지이다. 온 나라를 쥐고 흔들 수 있는 소수 세력은 천박한 집단들을 만들어 정권을 쥐락펴락한다. 그 점에서, 우리는 현 시대 민주주의의 기능에 관한 놀라운 가설을 제기한다. '정치권력은 내부에 민주주의의 공백을 야기할 수 있다.'16)

오늘날 경제의 두 번째 변화는 경제 성장과 고용 사이의 관계성 부재이다. 오늘 우리는 과거보다 생산성이 증가한 시대를 산다. 지난 50년 동안 세계의 생산성은 열두 배 증가했다. 그러나 생산성 증가가 고용 증가로 이어지지 않았다. 오히려 실업자의 수가 증가했다. 유럽 연합의 실업자는 2,000만 명에 달하며, 산업화를 이룬 선진국의 총 실업자는 3,500만 명에 육박한다. 더군다나 남반구 세계의 실업자 수는 10억 명을 상회한다. 모든 법률이 "노동권"을 이야기한다. 그러나 노동이 사치가 된 세상이 도래했다. 실제로 세계의 고용 인구는 10억 명, 즉 세계 총인구의 1/6에 해당한다. 나머지 5/6는 일하지 못한다.

생산성은 증가하나 고용이 감소하는 이 '기적'은 신자유주의 전략이 맺은 악한 열매이다. R. 안드레아 리바스는 다음과 같이 말한다. "우리는 고용을 감소시키지만, 고용 노동자의 생산성 증대와 더불어 생산을 증가시킨다."17) 이처럼 고용은 경제 성장을 따르지 않는다. 더욱이 노동자들의 수입은 점차 감소한다. 이 대목에서도 구체적인 수치 제시가 필요하다. 이탈리아의 경우, 10년 전에 "노동 소득은 국가 소득의 53%를 차지했다. 그러나 오늘날 47%로 떨어졌고, 그 비율은 지속적으로 감소 추세이다."18)

이 현상은 단지 이탈리아만의 문제가 아니다. 전 세계적으로 불평등은 상승하고, 자원과 권력은 소수자들의 손에 집중된다.

노동자는 본인의 위치와 상관없이 점차 생산적으로 바뀌지만, 결국 그 노력으로 인해 처벌 받는 꼴이 되고 만다. 세계화가 이들을 국제 경쟁이라는 전쟁터로 내몰기 때문이다. 서로서로 맞서는 이 살벌하고 잔인한 세계는 홉스의 말처럼 "만인이 자기 이웃의 적이 되는" 세계이다. 반면, 지식과 자본을 점유한 자들이 지배인과 주주가 되는 데 절대적으로 유리하다.19)

지난 10여 년간 세계 경제에서 확인할 수 있는 가장 큰 변화의 세 번째 항목은 북반구와 남반구의 격차 심화이다. 북반구의 경기 부양책이 자동으로 남반구의 경기 부양으로 연결될 것이라는 브란트 보고서의 망상이 깨지는 데 20년이면 족했다. 오늘날 우리는 세계화의 영향으로 인해 브란트 보고서의 기획 과정이 구현되지 않는다는 사실을 똑똑히 목도한다.

세계화의 도래와 더불어 그나마 최소한의 미덕을 지켰던 자본주의도 끝났다. 우리 시대의 자본주의는 "발전의 종말", 시장과 소비 사회의 제한, "고용 창출 없는 성장"을 선전한다. 자본주의의 발전 모델은 공개적이고 뻔뻔한 방식으로 새로운 '아파르테이트'가 되었다.[20]

R. 안드레아 리바스의 설명처럼, 보다 명확한 이해를 위해 제3세계 수익의 56%를 차지하는 원자재 가격을 확인하는 것만으로도 충분할 것이다. 1990년의 원자재 가격은 1914년보다 비율상 가치가 떨어진다. 1994년을 기점으로

원자재 가격은 상승하기 시작했다. 그러나 "결코 남반구 사람들의 삶의 질이 좋아졌다는 말이 아니다. 그 이유는 수출에 유리한 허용 폭이 상승했고, 그 상승은 생산자가 아닌 재력가에게 유리했기 때문이다."[21]

사람들은 투자 자산을 방책으로 거대 자본을 축적한다. 거대 자본으로 원자재를 독점하고, 가격 상승 시 되판다. 따라서 자본가들은 막대한 이익을 얻는다. 바로 이것이 남반구 생산자들의 원자재를 감소시키기 위한 효율적인 방법이다! 유럽 연합의 정치 및 아프리카 국가들을 향한 이들의 "의도된 원조"를 떠올리는 것도 그러한 작동방식을 이해하는 데 유용할 것이다. 생산품 단가를 떨어뜨리고 지역의 생산을 중단시키기 위해, 유럽의 상품 시장에 단가를 최저가로 책정하는 것보다 좋은 방법은 없다. 일단 이러한 결과를 확보하면, 유럽 연합은 곧 이어 가격 인상을 단행한다. '고리대금업'이라는 위대한 전통을 계승하는 짓이다.[22]

외채의 현 주소는 여론을 통해 충분히 알려졌기 때문에 세세하게 다루지 않을 것이다. 다만 필자는 지난 9년 동안 부채 문제를 주의 깊게 다루면서 외채 현상을 연구했던 수잔 조지의 보고서에 주목하려 한다. 수잔 조지는 유럽인들이나 미국인들이 외채 이자 명목으로 남반구 국가들로부터 1인당 1,000달러 이상을 받는다고 말한다.

미국 출신의 이 작가는 부유한 북반구와 가난한 남반구의 "보이지 않는 전쟁"이 관건이라 말한다. 즉, 옛 전쟁에서 획득한 모든 특권을 별다른 어려움 없이 소유하는 전쟁이다. 전문 증거 자료 없이 쉽게 비난하기 어렵지만, 외채의 기만과 맞물려 상환에 필요한 자본을 소유하지 못한 가난한 나라들은 천문학적으로 불어나는 이자 빚 때문에 완전히 파산할 지경이다. 채무이미 어떤 것을 대신하는 상환을 위해 원자재 대부분을 사용하지 못하고, 이자 상환에 사용한다. 참 씁쓸하고, 말도 안 되는 상황이다. 노벨 평화상 수상자인 아르헨티나의 페레스 데스키벨은 '외채deuta externa'를 말하지 않고, '영구채deuta eterna'를 말한다. 사실 영원하다는 말이 옳다. 왜냐하면 국제금융기구와 세계은행이 가난한 나라들에게 강요하는 "구조 조정"의 정치는 문제를 해결하기는커녕 더 악화시키기 때문이다.

세계의 경제 구조를 바꿨던 네 번째 사건은 '정보 혁명'이다. 오늘날 생산과 서비스 전 분야는 정보화 되었다고 해도 과언이 아니다. 하지만 정보통신 분야는 언제나 지속적으로 자본을 추구하고, 자본 대풍년을 요구한다. 남반구 세계는 이러한 자본을 소유하지 못한다. 따라서 정보의 발전은 경제권을 3대륙 국가들23)의 손에 쥐지 못하게 하면서 북반구 세계와의 단절을 확대할 뿐이다.24)

우리가 기술했던 체제의 총체적 기능은 특수하다. 동시에 그 특수성은 의아하고 비극적이다. 즉, 생산이 발전할수록, 전 지구의 가난은 증가한다. 경제 팽창이 이뤄질수록, 자연 파괴가 늘어난다. 시장 확장, 교환, 상호부조의 가능성이 상승할수록, 사회 불균형이 심화된다.

우리는 심리학 언어를 사용해 다음과 같이 말할 수 있다. 지금 우리는 매우 사악한 결과와 마주했다. 긍정 요소이자 삶을 지탱해야 할 요소인 발전, 생산성, 시장이 어떻게 부정 요소로 전환되는가? 남반구 세계를 희생양 삼아 원자재를 독점하려는 정략政略이라는 대답이 가능할 것이다. 물론 옳

은 대답이다. 그러나 그것은 깊은 차원의 대답은 아니다. 왜
냐하면 이러한 정치 구조화의 지지자들을 고려하지 않은 대
답이기 때문이다. 그러나 본 연구는 이 지지자들의 양태를
연구하는 방향으로 나아갈 것이다.

근본 기능

이 장에서 필자는 향후 우리가 걸을 여정을 밝혀 줄 몇 가지 주제들을 소개하려 한다. 관련 주제들을 나열하겠다. 우리 사회에서 경제 구조는 비상식의 자리, 즉 "근본 기능"이라는 자리를 차지한다. 필자는 이 용어를 프랑스 철학자 모리스 벨레의 분석에서 차용했다. 모리스 벨레의 강조에 따르면, 생물학적으로 태어난 인간은 단지 두 발 짐승이 아니다. 인간의 인간다움을 유지하는 길은 인간의 근본 기능이다. 그리고 그 기능이란 인간이 파멸, 끝없는 불안, 폭력에 빠지지 않도록 하는 일이다.

근본 기능은 … 사람들이 삶의 방향을 찾고, 자신이 나아갈 방향을 알고, 생존에 꼭 필요한 안전지대를 확보하고, 거기에서 금지, 법, 제한 요소들을 갖추려 한다. 간단히 말해, 근본 기능은 옛 사람들을 두려움에 떨게 했던 각종 테러와 원시적 분노에서 사람들을 해방시키려 한다.25)

고대인들에 비해 현대인들의 두려움은 덜 하지만, 그렇다고 감각이 무뎌졌다고 할 수 없다. 철학자인 한 친구가 마르차보토Marzabotto 모임에 참석한 후에 이 문제에 관해 이야기한 적이 있다. 당시는 1944년 이전이었다.1944년에 나치는 몬테솔로Monte Solo의 작은 교회에서 비무장 시민 100명 이상을 학살하는 만행을 저질렀다 그 친구는 이렇게 말했다. "우리는 이러한 폭력을 축귀逐鬼하듯 쉽게 없애지 말아야 해. 너나 할 것 없이 모두가 그 속에 폭력을 감추고 살기 때문이지."

인간의 조건을 탈脫마법적이고 현실주의적 눈으로 본 다음 견해에 귀를 기울여보자. 이 견해에 의하면, 인간에게는 여차하면 터질 수 있는 폭력이 잠재되어 있다. 그럼에도 인류를 지배하는 '어떤 것' 이 있어 파멸과 무저갱無低坑의 광란에 빠지지 않도록 제어한다. 이러한 근본 기능은 인간다운 삶을 위해 여러 방식들로 충족되어야 한다. 고대 시기의 여러 사회, 근대성의 좌장에서 벗어난 사회에서 그 역할을 맡았던 것은 바로 '거룩함' 즉, '성스러운 것'이었다. 가난한 나라에 가서 그 나라 사람들의 생존에 필요한 사회경제의 조건들이 최악의 상태라는 사실을 목도한 서구인들은 그들의 인간다운 삶을 지킬 수 있는 방법을 강구했다. 사실 인간다운 삶이란 '삶은 여전히 유의미하고, 어찌되었든 삶은 일종의 아름다움'이라는 말을 이들에게 증명할 수 있는 거룩한 실천 때문에, 그리고 그 실천의 기능 때문에 지속 가능하다. 중세기 서구에서 근본 기능의 주체는 '신'이었다. 이론의 여지가 없는 말이며, 매일 뜨는 해처럼 불변의 진리였다. 신의 어원인 산스크리트어 '디아우dyau' 26)가 빛을 가리킨다는 사실은 우연이 아닐 것이다. 근본이 되는 빛이 없다면, 인간다운 삶, 즉 인간성도 사라질 것이다.

　이 후, 계몽주의 시대에 들어 그 기능을 대체한 것은 바로 이데올로기였다. 오늘날 사람들은 대놓고 "이데올로기의 종말"을 이야기한다. 마치 우리 뒤로 흘러간 과거지사로 여긴다. 또한 사람들은 순진하게도 인간의 인간다움을 지켰던 것이 바로 이데올로기였다는 사실을 망각한다. 이데올로기에 대한 충성이 생명 자체보다 귀하다는 점을 확인하려면, 1949년 체코슬로바키아에서 벌어진 스탈린의 정치 숙청을 다룬 영화 「고백」*L'Aveu*, 1970을 보면 충분할 것이다. 코스타 가브라스Costa Gavras 감독의 수작인 이 영화에서, 주인공들의 희생 장면이 그것을 웅변한다.

현 시대에 인간의 인간다움을 유지하는 역할은 경제 기계의 작동에 귀속된다. 우리의 삶을 지탱하는 경제기술의 거대 복합체가 마법처럼 해리된다면, 서구인의 인간성도 와해될 것이다. 우리에게 인간으로의 존재 가능성은 없으며, 우리는 곧 터무니없는 헛소리에 허우적댈 것이다. 왜냐하면 우리에게 경제와 기술의 복합체는 자명한 현실이기 때문이다. 이 대목에서 우리는 특별한 강조가 필요한 한 가지 현상을 확인한다. 경제는 다음과 같이 둘로 나뉜다. 첫째, 우리가 통상 아는 경제, 즉 재화와 용역의 생산, 자원들의 가시적 분배, 즉 우리가 경제학 강의에서 배우는 경제가 있다. 둘째, 인간의 인간다움을 보장하는 근본 기능으로서의 경제가 있다. 여기서 경제 체제의 기능은 신화의 역할을 담당하고, 결국 '비가시적인 것'이 된다. 인간의 인간다움을 보장하는 경제는 거대한 경제 기계장치와 같은 가시적 외양을 갖지만, 인간다움을 지탱하는 기능에 있어서는 비가시적이다.27)

신화로서의 경제

경제는 이처럼 현실과 동일시된다. 현실 밖에 존재하는 것은 아무것도 없다. 경제가 신화의 역할을 수행한다고 주장한 필자는 체제의 기능이 신화로 바뀌었다고 말하고 싶다. '신화'와 '신화 서사' 혹은 '신화'와 '인류를 넘어서는 시대'를 뒤섞지 말자. 신화란 그에 대한 특별한 의식 없이도 우리가 그저 믿는 것이며, 우리에게 현실의 한계를 규정해 주는 수단과 같다.

우리는 이러한 신화의 시각들로 사물의 위치를 파악하며, 그 정체를 의식한다. 인간은 언제나 신화를 통해 현실을 읽는다. 달리 말해, 신화는 조명과 같다. 우리는 신화를 통해 현실을 볼 수 있지만, 신화 자체는 비가시적이다. 경제가 궁극 지평과 동일시 될 때, 신화는 더 이상 가시적이지 않다. 그것은 오늘날 지배 체제에 도래하기도 한다. 우리는 더 이상 현실을 보지 못한다. 자연스럽게 신화로 현실을 이해한다. 왜냐하면 신화는 다양한 양태로 가시화되기 때문이다. 필자가 위에서 기술했던 과정을 따라 생각해 보면, 경제는 서구 현실의 '기초 신화'이다. 그러나 현실 너머에 존재하는 것은 없다. 현실 바깥에 무엇인가 존재하기가 불가능하기 때문이다.

서로 다른 문화 지평에서 온 사람들은 분명 낯선 이방인들이다. 그러나 우리는 이들을 통해 우리가 사는 신화를 발견한다. 파니카르R. Panikkar, 28)는 적절한 비유를 들어 이 부분을 명확하게 설명한다. 그에 따르면, 세상의 다양한 문화들은 창문 너머로 상대를 바라보는 자들과 같다. 이들은 거리 반대편에서 자신과 대화하는 상대를 볼 수 있지만, 정작 자신의 공간은 보지 못한다. 왜냐하면 자기의 공간은 창가에 서서 대화하는 자신의 뒤에 있기 때문이다. 이처럼 우리의 신화는 언제나 은폐되었고, 다양한 지평에서 살아가는 이들이 은폐된 신화를 폭로한다. 필자는 19세기에 미국 대통령에게 편지를 보낸 아메리카 원주민 추장의 일화를 소개하려한다. 추장은 다음과 같이 썼다. "우리는 땅을 팔 수 없다. 어떻게 어머니인 땅을 매매할 수 있다고 생각한단 말인가?" 이 문장이야말로 다른 신화에 사는 사람의 전형적인 대답이다.

치아파스 원주민들과 멕시코 정부의 오랜 갈등과 대립에서 명백히 드러나듯, 우리는 정치 충돌의 뿌리에서 종종 신화들 간의 차이를 발견한다. 미국, 캐나다, 멕시코는 이윤 극대화를 목표로 자유 무역지구를 조성한다. 이는 서구 세계와 신화의 세계를 구별했지만, 우주와 땅이 하나로 연결된다는 신화, 즉 서구인과 완전히 다른 신화 속에 사는 아메리카 원주민들에게는 멍청하고 폭력적인 짓에 불과했다.

논의의 본궤도로 진입하기 위해, 우리 사회 내에서 경제가 지정한 신화의 역할에 관한 사례를 제시하는 편이 나을 것이다. 필요 이상으로 생산해야 한다는 말은 터무니없다. 아니, 적어도 낯설다. 이성은 경제적이지 않고, 신화적이다. 다시 말해, 사람들은 현실에서 살며, 현실에서 중요한 인격체로 인정받는다. 또 날마다 장시간 일해야 한다는 말필연은 '생산성 증가' 의무와 '현실 참여 활동으로서의 노동' 사실에 기초한다. 신화 내부에 존재한다는 말은 이러한 내용들을 자연스러운 것으로 인식한다는 말과 같다. 왜냐하면 바로 그것이 현실이며, 그것을 수용하는 것 외에 다른 길은 없기 때문이다. 신화의 힘은 현실의 한계들을 규정하는 데 있다.

경제의 신화적 역할 논리로 나타나는 결과는 다음과 같다. 신화 내부에 사는 우리는 이 놀이의 규칙들에 관해 논할 수 없다. 왜냐하면 신화는 현실이며, 우리는 현실을 벗어날 수 없기 때문이다. 바보들이나 위기나 위험을 감수할 것이다. 우리가 신화를 믿는 한, 출구는 없다. 또한 신화는 불가피하다. 왜냐하면 모두가 당연한 것으로 믿기 때문이다.29)

예컨대, 신자유주의 경제학자들은 구조 조정이 남반구 세계에서 유일하게 가능한 정책이라고 믿는다. 몇 년 후, 사람들이 그것의 실패를 목도했을 때, 이 경제학자들의 반응과 주장은 전반적으로 다음과 같았다. 곧 체제의 문제가 아니라 척도들의 적용이 잘못 되었다.30) 뻔뻔하고 허위의식에 찌든 학자들이라 비난하는 데 우리의 소중한 시간을 낭비하지 말자. 차라리 신화의 정당화 기능을 고찰하는 편이 더 나을 것이다. 체제의 파멸과 마주한 서구 세계에서 우리가 종종 보는 체념도 동일한 현상에 기초한다.

신화는 현실의 지평을 규정한다. 현실의 모든 부분이 규정된 지평 내부에 갇혔다고 믿는 사람에게 다른 해법은 존재하지 않는다. 이것이 바로 '대안은 없다'고 외친 '티나 신드롬' TINA; There Is No Alternative이다. 세계은행의 세속 종교성을 분석한 수잔 조지와 파브리치오 사벨리의 연구도 동일한 전제를 강조한다. 독자들은 이 점을 주목하기 바란다. 세계은행이 그 힘을 발휘하는 이유는 거대한 신용제도의 대표자이기 때문이 아니라, '경제 자본들'을 '상징 자본들'로, '상징 자본들'을 '경제 자본들'로 교환할 수 있는 능력 때문이다.31) 아이러니하게도, 저자들은 이 거대한 유기체를 "무명의 어떤 것la Cosa"이라 부른다. 구체적인 정체를 알 수 없는 이 '것'은 신화의 기능을 실천하고, 사용자들에게 믿음을 요구한다. 이와 마찬가지로, 오랜 기간 국제금융기구IMF의 수장이었던 미셸 캉드쉬는 직원들에게 매일 조직의 정관을 반복해서 읽으라고 지시했다. 자기 행동의 타당성에 대한 믿음에 활기를 불어 넣기 위해서였다.[32] 결국 지배 경제 체제가 신화의 역할을 담당할 때, 그 결과들은 가히 치명적이라 할 수 있다.

신화의 유기적 결합

종교사에서 확인할 수 있듯, 모든 신화는 신화 서사를 통해 표현된다. 이 서사를 전문용어로 "미톨로구메논*mithologu-menon*", 즉 "신화가 말한 것"[33]이라 부른다.

오늘날 서구 신화가 지배 경제 체제의 작동 기능이라면, 이 체제가 신화와 내적으로 어떤 연관성이 있는지를 확인하는 작업이 중요하다. 한 가지 기억해야 할 부분이 있다. 신화를 믿는 자가 존재하되 신화를 해체할 수 있는 '로고스'가 아직 존재하지 않을 때, 신화는 유효하다. 믿음은 신화와 본질적으로 등가等價이다.

오늘날 신화의 유기적 결합의 핵심에는 '소비에 대한 욕망'이 있다. 이 욕망이 경제와 생산의 모든 작동방식의 근원이다. 욕망이 없다면, 생산도, 이윤도 없을 것이다.34) 따라서 이 욕망이 언제나 살아있도록 자극할 필요가 있고, 광고를 통해 욕망을 끌어 올려야 한다. 왜냐하면 욕망의 감소는 결국 체제의 종말과 폭발로 이어질 것이기 때문이다.

광고가 삶의 전면에 침투, 흡수된 현상은 결코 우연이 아니다. 순수한 뜻을 표방한 사람들, 예술인들이나 문화인들의 저항에 직면했지만, 광고에서 비롯된 이 현상은 파괴되어야 할 신화의 핵심부에 깊이 박혔다.

유사한 작동방식의 내부에서, 인간은 자기 "희망사항vog-lia"으로 쪼그라든다. 필자는 "욕망desiderio"이라는 용어가 더 적절하다고 본다. 욕망은 보다 고결하고 고차원적인 것을 가리키며, 관계를 이미 함축한 용어이다.

그러한 희망사항이 소비의 의무와 경쟁의 압박으로 인해 개인들을 타자들에게서 분리하며, 탐욕에 취한 존재로 만든다. 경제의 지배를 받는 인간의 상황에 대한 서정적 묘사를 위해, 필자는 독자들에게 유년기의 장면 하나를 제시하려 한다.

어린 시절 농촌에서 어린이가 담당하는 주된 일 가운데 하나는 병아리 모이주기였다. 모이를 줄 때마다 가장 빠르고, 약고, 덩치 큰 병아리 한 마리가 제일 좋은 자리를 차지한다. 이 병아리는 다른 병아리들과 멀리 떨어져서 먹이를 먹는다.

필자는 바로 이런 모습, 즉 '가장 좋은 자리'를 차지하고, '타인과 자기를 분리'하는 모습이 경쟁 사회를 단적으로 드러내는 상징이라고 생각한다.

공동체와 관련된 의미는 전무하고, 잠재적으로 만인과의 투쟁 상태에 있는 개인만 있을 뿐이다. 시장 권력은 경제와 정치에서 윤리를 분리했다. 근대 개인주의와 시장 종교의 출발점이 된 시기인 17세기에 홉스가 말한 "만인의 만인에 대한 투쟁bellum omnium contra omnes"을 실제 구현한 사건이라 하겠다.35)

최근 평화주의 운동과 문화의 발전으로 인해, 우리는 전쟁과 근대화 과정이 유기적으로 얽힌 관계라는 사실을 알았다.36) 또한 경제 체제의 숨은 배후는 '전쟁'이라는 주장도 더 이상 걸림돌은 아니다. 공동체의 관계가 여전히 생생하게 살아있는 타 문화권에서, 경쟁은 시민권, 즉 수용 가능한 권리를 얻지 못한다. 파니카르는 우리에게 유익한 우화를 하나 소개한다. 미국 학생들이 경쟁을 유발하고자 던진 사탕 하나에 아프리카 소년들은 서로 손을 잡고 함께 목표를 향해 달렸다.37) 오늘날 모든 사람이 경쟁을 외친다. 산업 기관들과 정치가들도 이 경쟁의 수사학을 마치 신의 말씀처럼 떠받든다. 그러나 이 경쟁의 수사학은 경제 신화의 핵심 요소들 중 하나로서 반드시 비판 받아야 할 것이다. 브루노 아모로조는 다음과 같이 쓴다.

자유, 민주주의, 노동, 가족, 인격과 같은 문화의 중요 요소들이 공동체 내부에서 유의미하다는 것을 밝힐 시점이다. 절대적 "개인"은 존재하지 않는다. 우리 모두는 아버지, 어머니, 가족에게서 태어나며, 사회라는 배경에서 태어난다. 공동체 없는 자유는 없다. 공동체 없는 세상은 오로지 만인에 대한 만인의 경쟁만 득실대는 세상일 것이다. 공동체를 종교, 가족, 조국, 땅 한 평 없는 가난한 이들의 집단으로 축소해도, 우리는 이 공동체와 단절할 수 없다. 왜냐하면 아파르테이트와 같은 도시

내부의 분리를 겪으면서도 인권과 시민권을 지속적으로 외치는 이 영특한 소수 집단들을 보호해야 하기 때문이다.[38]

경제 체제에 대한 우리의 묘사는 분파주의라는 의심을 살 수도 있다. 또한 오늘날 상황이 그렇게 나쁘지 않다는 반론도 만만치 않게 제기될 수 있다. 다시 말해, 서구 사람들의 욕구들은 상당 부분 충족되었고, 빈곤의 비극도 멈췄으며, 배고픔에 죽어가는 일도 더 이상 없다. 덧붙여, 신화의 여러 측면 중 하나가 긍정 요소로 나타난다. 바로 이론들, 이데올로기들, 논쟁들의 종말이다.

모든 사람이 자신의 욕구 충족 문제에서 해방된다. 또한 별로 중요하지 않다고 여겼던 생각들로 인해 자기 발등 찍는 사람도 더 이상 없다. 진짜 신은 돈이다. 돈과 함께라면, 모든 문제가 해결된다. 거룩함을 부르는 장소가 과거처럼 교회가 아니라 "슈퍼마켓"이라는 사실은 우연이 아니다. 슈퍼마켓에서 우리는 욕구를 채울 수 있다. 소비자들의 신앙심이 결집된 현대판 성소의 문이 열릴 때, 길거리에는 이 성소를 향한 교통 체증과 행렬이라는 진풍경이 펼쳐진다. 슈퍼마켓은 매력 덩어리이다. 언제나 신상품을 제공하기 때문이다. 다시 말해, 이 사회는 아직 출시되지 않은 상품들로 인해, 창조성을 자극하는 '신상품'에 대한 열병에 멈추지 않는 사회이다.

소비자들의 욕망이 결집함으로 인해, 생산 증가와 지속 혁신이 요구된다. 또한 그것은 기술 제련을 통해 가능하다. 오늘날 새로운 욕구를 창출하고 경제 신화의 기능을 유도하는 주체는 바로 기술이다. 겉보기에 긍정적인 이 틀, 즉 기술은 우리의 오류 가능성을 확연히 줄인 것처럼 보인다. 그러나 기술은 우리를 끔찍한 궤도 이탈로 내몬다. 남반구의 빈곤과 기근을 그 증거로 제시하는 것만으로 충분한 설명이 될 것이다.

이 책이 추적하는 현 체제의 윤곽을 그림으로써, 우리는 그 잔혹성의 깊이를 충분히 드러내야 한다. 노벨 평화상 수상자 아돌포 페레스 데스키벨Adolfo Perez d' Esquivel은 "자본주의는 심장 없이 태어났다"라고 주장한다.39) 해방신학의 주창자인 구스타보 구티에레스Gustavo Gutiérrez는 "21세기의 가난한 사람들이 눕고 일어나야 할 자리는 어디인가?"라는 도발적인 질문을 던진다. 반대로, 미국의 경제학자 스티븐슨은 충격적인 표현을 써가며 인류의 80%가 처한 조건에 대해 "빈곤 퇴치전은 끝났다. 가난한 자들은 가난할 뿐, 더 이상 빈곤에 허덕이지 않는다"[40]라고 일갈한다.

2001년 9월 11일의 테러 공격은 잔인한 방법이지만, 더 이상 남반구 민중들의 좌절과 절망을 무한정 오용할 수 없다는 사실을 입증했다. 이들은 일촉즉발의 상황에서 분노에 사로잡혔고, 합리성의 경계 끝자락에서 근근이 버티는 수준이었다. 그러나 인간학 지평에서 볼 때, 북반구 상황도 그리 고무적이지 않다. 경제 신화의 작동으로 창조된 인간은 피상적이며 깊이 없는 피조물에 불과하다. 인간 내부의 폭넓은 지평, 즉 고대인들이 천지天地의 축이라 불렀던 것을 상실했다.

전문적이지만, 파편적이고, 결국 무익한 문제에 속박된 인간은 언제나 별로 중요하지 않은 것 때문에 치열하게 경쟁한다.[41] 결국 사라질 것, 키르케고르가 인상적인 말로 표현했던 "유한함에서 비롯된 절망"[42]과도 같은 것 때문에 벌어지는 일이다.

실제로, 인간만이 끔찍한 '상대적' 가난의 희생양이며, 과도한 업무와 물건 축적으로 실존의 공백을 메우려 한다. 자기를 벗어나려는 사람은 도피 산업, 유흥 산업 정도를 생각한다. 상대적으로 덜 비극적인가? 이러한 산업들은 인간을 한없이 오락에 빠져 살게 한다. 단도직입적으로 말해, 인간을 가상 세계에 가둔다.

오늘날 서구인은 악순환에 빠진 것처럼 보인다. 자산 공유를 위한 기술의 수단들을 소유했지만, 정작 그렇게 하지 못한다. 사람들은 생산 초과를 안다. 그러나 사람들의 욕구는 계속 부풀어 오른다. 모든 지표들이 우리에게 근시안적 문명이 인류에게 미칠 위험을 말하고, 결국 사람들이 세계의 위험한 현실 자체를 수용하리라는 점을 지적한다.

사람들은 젊은 세대가 변화에 대한 열정 없이, 그저 약물, 음주, 폭력에 물들었다고 비난한다. 지배 체제의 신화가 작동한 결과로 나타난 현상들에 젊은 세대는 '체념' 하고, 심지어 자기 꿈을 잃고 '좌절' 한다.[43]

마지막으로, 일상의 체험에서 문법 이전의 삶을 형성하는 세 가지 인칭 대명사 나, 너, 그를 생각해 보자. 오늘날 굴절하는 인칭은 3인칭뿐이다. 나머지 둘은 애당초 사라졌다. 1인칭 '나'을 위한 자리는 없다. 다시 말해, 내재성과 영성의 세계를 위한 공간이 없다. 동양 문명은 '나'를 대문자 '나Io' 의 '너'로 생각한다. 그러나 서양은 전혀 그렇게 말하지 않는다. 심지어 서구의 경제 문명권에서 '너'는 시민권조차 없다. 왜냐하면 '너'는 연구와 분석의 대상이기 때문이다. 때로 지지의 대상이기도 하지만, 여전히 대상에 그칠 뿐이다. 사람들이 수없이 언급하는 타자는 자기 이해의 주체나 우선권의 원천으로 출현할 가능성이 거의 없다.44)

대상화는 내면의 빈곤을 부르며, 인간을 난파선에 태워 고통을 배가한다. 한 사회학자는 "소비 문명이 우리를 소비해 버렸기 때문"이라고 후회한다.45) 이에 한 작가는 "우리는 영성의 제3세계"라고 울부짖는다.46) 수백 년이 지난 뒤, 다른 세대가 우리 시대의 역사를 기록한다면, 20세기 사람들은 추락하는 상황도 보지 못한 맹인盲人이라고 쓸 것이다. 그리고 우리가 맹인이 된 이유를 물을 것이다.

체제의 인간학

　더욱 명확한 설명이 필요하다. 이를 위해 필자는 같은 형태의 묘사에서 비롯된 인간학을 몇 가지 핵심 내용으로 요약, 종합하겠다. 먼저, 우리는 인간의 특징을 욕구의 집합체로 이야기한다. 현재까지도 인간을 둘러 싼 성찰에서 특별히 새로운 것은 나오지 않았다. 인간은 언제나 자기에게 필요한 것에 의존하는 존재일 뿐이다. 서구 철학은 양 갈래 길에서 주저했다. 한 쪽 길은 '박탈욕구라는 말로 그 특성을 서술할 수 있는을 강조'하고, 다른 한 쪽은 '박탈 상태를 메우려는 쪽으로의 도약'을 강조한다. 플라톤은 『향연』에서 '에로스'를 '포로스' 욕구와 '페니아' 가난의 자식이라 말했다. "왜냐하면 에로스는 어머니의 본성을 지녔고, 욕구와 결혼했기 때문이다."47)

포이어바흐나 마르크스는 물질의 필요에 대한 인간의 의존 문제를 지속적으로 강조하는 경향을 보였다. 그러나 대개 근대 철학은 욕구의 대항마인 '합리적 인간'의 독자성을 강조하려 했다. 칸트와 헤겔

현대 사상에서 듀이Dewey의 경우처럼, 우리는 욕구에 대한 순수 생물학적 가치 평가를 확인한다. 그러나 동시에 형이상학적 특성도 읽을 수도 있다. 이 특성은 욕구와 가치의 연관성을 만들며, 욕구와 초월의 연속성을 강조한다. 블롱델의 『행동』Action을 읽는 정도면 충분할 것이다.

지배 체제는 '소유와 소비를 통해 인간의 욕구가 충족된다'는 확신즉 지배 체제의 특징을 갖고 사람들을 설득한다.

인간의 근본 개방성을 잘 알지 못하는 자들이 있다. 인간은 특수한 존재가 아니다. 즉 겔렌의 말처럼, 인간은 개방적인 존재이다.48) 중세 스콜라주의자들은 '신을 담지擔持할 수 있는 인간homo capax Dei'을 이야기하면서 명료한 눈으로 그 개방성의 특징을 서술했다.

파스칼은 "인간은 인간을 무한히 극복한다"라고 적었다.

이를 바탕으로 그는 인간 본성의 무한한 긴장감을 재조명했다. 카를 라너와 같은 탁월한 신학자도 모든 의식과 자유로운 행동에서 인간 초월성의 흔적을 확인한다. 왜냐하면 모든 지식의 바탕에는 현실의 무한함에 대한 기대가 서려 있기 때문이다. 자유를 표방하는 모든 행동은 결국 자기 자신으로 회귀하는 주체성을 의미한다. 라너는 다음과 같이 쓴다. "인간은 여기 존재한다. 오직 그렇게만 말할 수 있다. 인간이 존재하는 곳이란 사상 및 언어를 수반하는 존재, 자유롭게 살아가는 존재가 세계와 실존의 모든 것을 질문하는 곳이다. 유일하고 총체적인 이 물음 앞에서 길을 잃고 답을 못 찾아 갈팡질팡하는 일이 있더라도, 인간은 끝없이 이 물음 앞에 선다."[49]

우리가 지금 다루는 경제 신화의 바탕에서 이야기하자면, 인간은 무한자를 향한 온전한 개방성을 상실한 존재이며, 그저 자기 뱃속을 잔뜩 채울 물건에 미쳐 날뛰는 게걸스럽고 탐욕스러운 존재이다.

체제에 속한 인간학적 주장과 관련해 주목해 볼 두 번째 요소는 다음과 같다. '인간의 모든 욕구에 대한 객관화와 수

량화가 가능하다.' 다시 말해, 수학, 측정, 계산을 통해 그 욕구를 나타낼 수 있다. 이는 삶의 전 영역에 퍼진 근대 과학의 응용에 의존한 방법이다.

과학의 특징은 추상화이다. 즉, 성질과 구체성을 고려하지 않고, 모든 실재를 순수한 수학 정식에 환원시킨다.

과학의 이러한 노선은 지나치게 먼 길이며, 현 시대의 우상숭배와 동격인 '보편 사물화mercificazione universale'를 겨냥한다. "모든 것을 수량으로 치환하고 인간의 가치에 값을 매겨 이름표를 붙인다면, '사람 냄새'는 사라지고 돈으로 모든 것을 만드는 방식만 판칠 것이다."50)

모든 욕구를 양으로 치환할 수 있다는 주장을 받아들인다고 하자. 그렇다면, 사물 전체에 대한 수량화도 가능할 것이며, 결국 그것의 매매도 가능할 것이다. 장기매매, 성매매, 인신매매는 말할 것도 없고, 유전형질, 생물학 유산, 열대우림, 건강, 학교, 서비스 영역 등도 모두 매매 대상이 될 수 있다.

현존하는 모든 것을 돈으로 주조할 수 있다는 공리는 우리를 비극적 유물론으로 내몬다. 상징의 차원은 사라지고, 모든 것은 "사물화"된다. 보편화된 사물화는 인간에게 혹독한 사슬이 된다. 이 고통은 병이며, 압제 당하는 삶으로의 회귀이다.51) 모든 것이 '사물화'되고, 또 모든 것을 '사물화'한 결과, 매춘처럼 시장의 물건이 될 수 없는 것까지 매매하는 사례가 일반화 되었다. 인간의 모든 활동에 경쟁 원리와 시장 법칙들을 적용하는 것은 다국적 기업들의 권력을 배후에 두고 문화, 건강, 사회적 용역, 교육, 지적 재산권, 식량을 규제하려는 세계무역기구WTO의 최우선 목표와 맞물린다. 미다스 왕의 우화처럼, 세계무역기구의 손이 닿는 것은 모두 상품이 된다. 동시에 법적 의무라는 조항을 들어 심의 수준도 높인다. 인권 헌장에 명시된 원칙들을 무시하는 법체계의 주입은 그 자체로 무의미하다.

　마지막으로, 현실 경제 체제의 토양에서 인간의 욕구들은 무한대로 팽창 중이다. 광고가 자극한 소비의 욕망은 소유와 진정한 소비 열풍을 지향하는 광폭 행보에 자양분을 공급한다. 만족할 줄 모르는 이 욕망의 무한한 도구가 바로 돈이다. 거대한 '빅뱅'처럼 모든 체제가 폭발하고, 의지와 상관없이 사람들을 체제의 배후로 끌어 내린다. 그와 병행해 우리는 전 방위로의 도피를 목도한다. 인간의 모든 활동에 기술을 적용함으로, 인간의 생활 리듬에 가속도가 붙었으며, 우리는 늘 시간에 쫓기는 신세가 되었다.

거대 규모의 기술 장치는 모든 인간들에게서 실질 시간을 감하고, 물리학과 시계로 대변된 추상의 시간을 부과한다. 우리가 논했던 근본 개방성, 텅 빈 공간으로 남은 이 개방성은 욕망하는 대상들의 무한성을 통해 봉쇄된다. 장난감 구매에 빠진 아이들을 생각해보라. 이 봉쇄 과정은 이미 유년기 초반부터 시작된다. 또 무수한 기술적 발견이 인간의 인격이라는 뿌리를 끝없이 제거할 때, 청소년기와 성인기 들어 그 과정은 더 심화된다.[52]

인간의 고독이 대상물의 양에 비례하고, 이 대상물로 자신의 내면 공백을 채우려 한다는 사실을 구체적으로 설명할 필요는 없다.

필자는 인간학 관점에서 '욕구들의 무한 팽창'과 서구 문명을 구현한 '진보 신화' 사이의 긴밀한 상관관계를 강조하는 일이 매우 중요하다고 생각한다. 사람들은 인간과 지구의 한계를 고려하지 않고 항상 팽창과 확장을 긍정적이고 불

가피한 것으로 보았다.53)

우리는 뿌리부터 썩어빠진 신학 사상에 물들었다고 강변한 파니카르가 옳다. 신의 무한성이 물질의 무한성으로 치환되는 신학 사상이다. 이로부터 우리는 성장과 암癌의 상관관계를 의심하는 데 이른다. 양적 확산을 뜻하는 "더 많은 il più"은 질적 의미의 "더 좋은 il meglio"에 대립한다.54)

진보와 발전이 본질적으로 역사의식과 연결되며, 현재의 위기에 대한 반동에 영향을 받는다고 주장함으로, 파니카르의 분석은 한 단계 심오해진다. 에밀 시오랑이 신랄한 어조로 밝혔듯, "인간은 역사를 만들지만, 역사는 인간을 해체한다."55) 파니카르의 사상에서 희망은 최종 분석에서 신비한 직관에 바탕을 역사 전환 의식의 여명기에 만들어진다.56) 지배 체제의 눈을 빌려와 '인간은 분리되고, 고립되고, 연결점 없는 개인'이라고 이야기함으로써, 우리는 인간학 분석 작업을 통해 누적했던 모든 자료들을 단번에 종합할 수 있다. 개인주의는 서구 근대성의 영혼이다. 즉, 모든 사회 통제의 해리, 인간과 인간을 잇는 집단 상징 공간에 대한 몰이해에서 구축된 근대성의 혼이다.57)

역설적으로, 피에트로 바르첼로나가 강조하듯, 20세기 전체주의에 대한 끔찍한 경험들도 근대성에 녹아있던 극단적 개인주의의 산물이다.[58] 그리고 현 시대에 벌어지는 것처럼, 상징 공간에 빈틈이 생길 때, 정치는 무의미하다. 왜냐하면 사회는 원자로 쪼개진 개인의 총합 정도로 쪼그라들기 때문이다.

개인주의 시각은 서구 문화가 지난 5세기 동안 누적한 산물이며, 타 문명권은 동일한 전제에서 구축되지 않았다[59]는 점을 알아야 한다. 예컨대, 인도 문화에서 인격은 매듭이다. 우파니샤드의 은유에 따르면, 인격은 여러 자식들이 들어가는 관계망을 뜻한다.

만일 우리의 자식들을 잘라낸다면, 그것은 매듭을 끊어내는 것과 같다. 요약하면, 총체성의 체험에서 태어나는 인간의 자의식이 존재한다. 그 의식은 인간을 분리된 자아로 환원시키기를 거부한다. 즉, 다른 모든 사람들과 경쟁 관계에 놓이는 자아, 금기와 규칙도 없이 단지 자기 욕구 충족에만 혈안이 된 자아로의 퇴행을 거부한다. 모두가 추상과 억압에 기초한 인간학이 부를 파멸을 안다. 그리고 우리는 그 파멸의 상태를 모리스 벨레[60]가 현대인에게 적용했던 세 가지 형용사로 기술할 수 있을 것이다. 바로 '압제된, 침체된, 억압된'이다.

a) 뿌리 깊은 개방성에서 인간의 심오한 욕망이 표출된다. 현재 우리는 이러한 욕망을 인정받지 못한 '피압제자'와 마주한다. 무한한 개방성이라는 능력을 상실한 인간은 언제나 사물들의 축적에 점령당하고, 질식할 것 같은 내부 공간에 거주하는 존재로 뒤바뀐다. 현 세대를 절망과 낙담으로 내모는 실존의 중병은 이러한 폐쇄성의 발로가 아닌지 자문해 봐야 한다. 약물 남용과 같은 파괴 현상들은 소비 사회가 던지는 시시함과 단조로움에 대한 절망과 자기 파괴의 반응이다. 삶의 충격에 맞서는 데, 젊은 세대가 짊어져야 할 짐의 무게가 너무 무겁다. 알곡은 쏙 빠지고 쭉정이란 쭉정이는 모두 이 세대에게 전달되었다.

역설적으로, 남반구의 가난한 사회에는 어려운 사회경제의 조건들에도 불구하고, 더욱 긍정적인 삶의 의미가 있다. 왜냐하면 남반구에서는 여전히 인간의 근본 개방성이 가능하기 때문이다.

b) 현실 경제 체제의 산물인 인간은 구조상 '의기소침' 하
다. [유사] 우울증의 형태의 '피로감' 이 등장했다. 가까운
사람들에게서도 볼 수 있고, 사회학의 연구 자료에서도 확
인할 수 있는 현상이다. 이것은 육체 피로가 아닌 불만족 때
문에 나오는 현상이다. 사람들은 전력 질주하면서 자기를
소진하고, 사회 체제를 강화시키면서 강제 부과되어 온 끝
없는 도전에 저항할 수 없다. 고대 그리스인들은 '아나그케
스테나이*Anagke stenai*', 즉 '멈춰라' 를 이야기했다. 이 말은
철학 논증에도 유효하지만, 동시에 인간학 관점에도 유효하
다.

결론은 간단하면서도 분명하다. 탈진한 인간은 동시에 체
념한 인간이다. 즉, 자신을 마비시키고 올무에 빠뜨린 시각
과 다른 시각으로 살 수 없다고 믿어버린 인간이다.

우리가 현대 사회를 구성하는 변수들과 요인들을 바꿀
필요가 있다고 말할 때, 서양인들은 동양인들에 비해

더욱 운명론에 기운다. 서양인들은 방향 감각을 잃었다.61)

상호 문화 연구와 또 다른 삶의 양식에 대한 구체적인 지식은 이러한 실존적 태도들이 소비 사회 및 그 사회를 낳는 경제 체제와 얼마나 긴밀하게 연결되는지를 보여준다. 파니카르는 인도 북동부에 위치한 '나가' 지역 사람들과 6개월 동안 살면서 받았던 인상들을 전한다. 이 지역의 먹을 것은 상업화되지 않고, 성별聖別되었다.

여기 체류하면서, 나는 지역 전체에 병원이 단 두 곳 밖에 없다는 사실을 알았다. 두 병원의 의사들과 간호사들은 지역민 중 정신질환과 우울증에 시달리는 사람이 전혀 없다고 말했다. 사람들은 다양한 이유로 죽지만, 서구인처럼 미묘하고 세세한 불안에 사로잡히는 일은 거의 없다. 즉, 서구와 다른 인간학의 전제에서 출발하는 문화는 불과 3세기 전 유럽에서 태어난 자본주의와 이 자본주의가 낳은 개인주의 인간학과 전혀 다른 형태

의 경제를 낳았다.62)

c) 인간다움의 완벽한 공백 상태라는 측면에서 볼 때, 오늘날 서구인은 '억압' 여기서는 성현상〈sessualità〉과 연계된 부분이 아니다되어 보인다. 이 억압이라는 점에서, 경제의 기능은 현실과 동일시된다. 여기서 현실이란 체제의 한계들을 극복하는 일체의 것에 대한 자각 활동에 대한 방해를 말한다.

인간의 진정한 현실은 억압, 몰수되었다. 왜냐하면 인간의 인간다움을 유지할 수 있는 아주 기본적인 작동 공간도 거대한 경제 기계megamacchina economica에 잠식되었기 때문이다. 따라서 현실의 중요한 차원이 제거된다. 현실은 억압될 것이다. 그러나 시끄럽지 않고 조용히 억압될 것이다. 경제 지배 이데올로기와 억압 체제들 사이에 차이가 있다. 이 억압 체제들은 인류가 천 년의 역사 동안 인식해 왔던 부분이다. 공개 억압은 투쟁과 반항심을 낳고, 순교자들과 증인들을 드높인다. 반대로, 고요한 억압은 조용하고 유쾌한 의식으로 죽음을 맞는 안락사와 같으며, 온 세상의 표준화를 꾀한다.63)

필자는 현실 경제의 기능이 특정 '신앙고백' 처럼 나타난다는 점을 강조하면서 인간론 분석의 결론을 맺으려 한다. 사실 '체제'는 신화의 상태이며, 사람들은 믿음을 수반해 그 신화에 답한다. 독자들이 의심하기 시작했다면, 그것은 더 이상 특정 신화를 중요하게 보지 않는다는 말이며, 신화가 눈앞에서 붕괴하기 시작했다는 말일 것이다.

현대인은 신화의 작동 기능 내부에 있다. 또한 현대인은 믿음을 갖고 신화의 기능에 가담한다. 사람들은 아무렇지도 않게 지난 2,000년 동안 존재했던 체제들 가운데 현존 체제가 최고의 체제라고 말하고 쓴다. 물론 현존 체제에서 파생된 비극에 주목하지 않음은 두말할 나위도 없다. 또한 사람들은 순진한 믿음을 바탕으로 '체제의 자기 규제', '오류의 자동 교정'과 같은 말을 되풀이한다. 자유 시장의 불가사의한 미덕을 신뢰한다는 말은, 과거 다른 시대에 신에게 바쳤던 신뢰와 같은 말이다. 루트왁은 다음과 같이 쓴다.

미국의 이 특권층은 행운아들이다. 이들은 개별 관심사보다 '믿음'에 방점을 찍는다. 자유 교환을 위협하는 모든 장애물이 제거되었고, 세계화를 찬성하는 데 더 이상 훼방꾼 따위는 없음을 확고하게 믿는다. 이 특권층은 세계화를 유일무이한 보편 이데올로기로 이론화 한다. 이는 종교 활동과 유사하다.[64)

또 다른 측면의 가치는 '비판의 지점'에 있다. 특별히 벨레가 자신의 저작 『제2의 인류』la seconde humanité에서 강조했던 내용과 연결된다. 벨레의 주장에 따르면, 오늘날 경제의 기능은 하나같이 "망상"의 특징을 보인다. 현실에 대한 환각에 사로잡힐 때, 사람들은 망상에 빠진다. 망상은 그렇게 규정되고 실현된다. 왜냐하면 체제의 기능이 인간을 견고하게 지탱해야 할 자리를 대체했고, 인간의 심오한 현실에 대한 청취가 아닌 자기만의 요구를 토대로 인간을 구성하려 하기 때문이다.[65)

사람들은 경제 체제에 상식 밖의 중요성을 부여했다. 그 중요성이 문명의 실패와 대위기를 불렀다. 체제가 원활하게 돌아갈수록, 망상과 착란이 가중된다. 역설이다. 인간에게 삶을 허용하는 것이 동시에 그 삶을 죽음으로 몰아갈 수도 있기 때문이다. 심리학에서 도착perversione은 삶을 고양하는 용어를 덮어 버리고 죽음을 실어 나른다. 필자는 경제 체제 문제도 이 관점으로 볼 수 있다고 생각한다. 예컨대, 임상병리학의 분석에서 사람들은 때로 악신惡神의 모습을 본다. 아낌없는 사랑, 은총과 자비를 표방하지만, 실상은 사람들을 삶의 해결책을 찾을 수 없는 곳, 삶이 불가능한 곳에 가두는 신의 모습을 발견한다.66) 마찬가지로, 경제 분야에서 진보, 성장, 발전이 부정적으로 작동하는 자리, 결국 인간을 노예로 만드는 자리에 배치된다.

이러한 도착, 즉 왜곡은 기의들signifiés의 근본 도치倒置를 부른다. 예컨대, 10여 년 전에 사람들은 실직을 수치로 여겼다. 모든 사람들이 실직을 싸워야 할 적으로 여겼다.67) 현재의 신자유주의는 여러 경제 모델의 조화를 부수지 않고 이익을 실현하기 위해 어느 정도의 실업자는 꼭 필요하다고 주장한다. 실업이 감소하면, 은행들은 구심점을 잃게 된다. 부정할 수 없는 사실이다. 몇 년 전, 브라질의 한 잡지는 "월가 Wall Street는 실업률 상승을 반긴다"라고 주장했다. 대기업 운영진의 최대 관심사는 가능한 많은 사람들을 해고할 수 있는 기획들을 짜내는 데 있다.68) 인력은 현저히 줄이되, 적은 인력으로 동일한 노동 강도를 바란다. 이익과 주주 배당금의 상승은 바로 거기에서 비롯된다. 그와 더불어, 사회의 절망과 불평등도 치솟는다.

왜곡의 결과물들은 언제나 흉측하다. 특히 우리의 경우처럼, 합리성이라는 옷을 입고 이뤄진다면 말이다. 이 망상에서 벗어나려면, 다소 충격적인 사례가 필요할 것이다. 미국 버클리대학교에서 가르치던 사회학자 바버라 에런라이크Barbara Ehrenreich는 수백만에 달하는 미국의 가난한 노동자들의 조건에서 몸소 살아갈 요량으로 2년 동안 교수직을 떠나기로 결정한다. 에런라이크는 다음과 같은 사실을 발견했다. 미국 사회의 복지를 유지하는 주체는 저임금에 시달리고, 고분고분하며, 조합에도 가입하지 못한 다수의 '노동 빈곤층working poors'이다. 이들 '노동 빈곤층'은 "다른 사람들의 아이들을 돌보느라 자기 아이들을 방치하며, 다른 사람들의 집을 청소하면서도 정작 자신들은 안락한 주거 생활을 누리지 못한다. 통화팽창l'inflazione이 저점에 머물고, 기업들의 이익이 상승한 관계로, 이들은 사실상 모든 것을 빼

앗긴 상태나 다름없다. '노동 빈곤층'은 우리 시대의 박애주의자들이며, 익명의 증여자, 얼굴 없는 은인들이다."[69] 이러한 체험의 가치는 실로 매우 중요하다. 지배 신화를 이탈하고 삶에 대한 새 시각을 제작하는데 공을 들이도록 하기 때문이다. 그러한 의미에서, 이를 다음과 같은 말로 정리 가능할 것이다. '우리의 시선은 지금 우리가 존재하는 곳과 살아가는 곳에 달렸다.'

지배 체제에 집단 차원의 대 타격을 입힌 사건은 2001년 9월 11일에 벌어진 911 테러였다. 그러나 이 치명적 도발에 대한 대응은 예외 없이 군사 논리였다. 즉, 전쟁, 폭력, 군대를 동원한 무력 진압이 도발에 대한 응답이었다. 국제 상황을 구체적으로 분석하려는 일말의 시도조차 없었다. 이 테러리스트들은 서구 경제 체제의 게걸스러운 탐욕과 물욕의 소산이며, 고통 받는 사람들이 누리지 못하는 조건들에 대해 체제 지배자들이 보인 무관심의 소산이다. 그러나 사람들은 과연 어떤 점에서 그러한지 진지하게 묻지 않았다. 테러리즘의 연결고리를 혁파하기 위한 열정에 사로잡힌 사람들조차 국권에 도전한 테러 조직들의 전대미문의 사건을 포위,

압박할 수 있는 국제법 구성에 큰 관심을 보이지 않았다. 재촉은 언제나 그릇된 충고를 낳고, 악이 아닌 증상과 징후에 따라 행동하도록 압박한다. 군사 대응과 그 대응에 필요한 정보 및 유전자 기술에 대한 접근을 용이하게 기술 진보로 인해 한 결과, 도리어 테러리즘이 강화되었다는 사실은 그리 놀랄 일이 아니다.

문화의 측면에서 볼 때, 이러저러한 진단들은 언제나 흥미롭다. 그러나 그것이 현실 변혁을 위한 새로운 시각을 공급하지 않는 이상, 실천을 지향하는 모든 분야에서 생산성 있는 결과물을 내 놓기 어렵다. 필자는 변화에 대한 구체적인 계획 수립에 심혈을 기울이지 않은 상태에서 자기 시대의 사회정치 상황을 예리하게 관찰했던 제국 후기의 라틴 저자들을 염두에 두었다. 우리가 우려하는 문제이면서, 동시에 우리에게 제기된 문제는 다음과 같다. '체제의 나선에 갇혀 질식하지 않고 빠져 나올 수 있을 방법은 무엇인가?' 그러한 행동이 상상계로 도피하지 않으려면, 두 가지 기초 단계의 상호 결합이 필요하다. 즉, 학자들이 파괴 단계 *pars destruens*

라 명명한 해체 측면과 구성 단계 *pars construens*라 명명한 명

제 측면의 결합이 필요하다.

신화의 가면 벗기기

지배 경제 체제는 고정되지 않았다. 인간의 창조물이며, 따라서 파괴할 수 있다. 이 점을 기억하자. 밑바닥에 있는 신화를 폭로하는 위반과 해체 작업을 기획해야 한다. 우리는 '이성Logos'의 빛에 예속될 때 신화는 사라진다고 이미 이야기했다.

모든 것을 일인칭으로 대하는 문화의 활동은 특별한 정치적 실현이나 세련된 분석에 의존하지 않더라도 서구 문명의 주름마다 침투한 신자유주의 경제의 기초 서사와 단절할 수 있다. 도리어 핵심 과제는 신화 건설을 위해 지배 수사학에 복무하는 개념들과 지식들에 대항할 수 있을 언어 제련 작업일 것이다.

경제사를 다시 읽으면서, 우리는 공리주의 철학자들이 자극했던 18세기에 사유 재산과 이웃사랑의 일치를 추구했던 모습을 확인한다.[70] 통속적으로 말해, 사회에 가장 유용한 것은 이웃사랑을 통한 복음의 구현이며, 유용성 추구는 이웃사랑의 실천 영역을 차지한다. "개인의 악행을 공공의 미덕"으로 바꾸고, 거기에서 신의 섭리, 즉 보이지 않는 손을 구상했다.[71] 이러한 방식에서 드러나는 최고의 이웃사랑은 바로 이기주의이다. 이기주의의 복음과 윤리의 최고 원칙은 "내어주지 않음"이다. 이것이야말로 복음에 대한 근본 오해이자 거짓 진술이다. 지금까지도 경제 성장을 통해서만 가난한 자들과 연대할 수 있다는 가능성을 확신하며, 엉뚱한 결과물을 쉼 없이 실행에 옮긴다. 이는 복음에 대한 어깃장이다. 빵을 나누기 전에 빵을 만들어야 한다. 두말하면 잔소리이다!

경제 효율성의 신장은 시장의 자유 경쟁을 통해서만 가능하다. 그러나 역설적으로, 연대의 부재가 연대를 실현할 수 있는 유일한 길이다. 이 모순된 상황에 모두에게 중요한 대응책을 요구한다. 페트렐라의 재치 있는 표현처럼, "체제 신학의 이교도가 되는"72) 것이면 충분하다. 개념을 몰수당한 또 다른 사례로, '자유'를 들 수 있다. 자유는 생산 가능하고 이미 시장에 존재하는 이들에게서 벗어난 관심사 혹은 여흥거리 정도로 후퇴했다. 또한 오늘날 수많은 영역에서 '자유=시장의 자유'라는 등식은 당연한 공리가 되었다. 정치의 자유가 시장의 자유와 완전히 동일시된 사건인 베를린 장벽 붕괴 이후, 과연 누가 자유 시장에 울린 환희의 찬가를 기억하지 못할까?

사실, 자유를 시장의 자유로 보는 이 수사법은 문화의 오랜 과정을 거쳐 제작되었다. 그 과정은 사회의 공유公有재와 사유 재산의 동일시와 함께 출발했으며, 그것을 발전시키는 데 기여했던 모든 부분에 자유 개념을 덧댔다. 계획의 자유, 시도의 자유, 자유 경쟁, 자유 시장이 그러한 수사법에 해당한다.

인간에 대한 가치 평가에 경제 결정론이 관여했다는 점을 부정하자는 소리가 아니다. 또는 국가 경제에 대한 향수와 추억을 설명하자는 소리도 아니다. 우리가 부각시킬 문제는 자유 개념의 의미 변화이다. 이를 확실하게 밝혀야 한다. 본

래 자유는 소유주들의 숫자를 제한함으로써 그 이익을 모두
가 누리는 유익한 삶의 본질을 정당화한다.

언어의 함정들은 겉보기에는 그리 위험해 보이지 않는다.
언어의 상징 가치를 소유하는 법을 아는 자가 권좌에 오른
다. 내 생각에 부당 점유의 가면을 벗기는 일이 문화의 가장
시급한 과제이다.

지배 신화의 또 다른 중요성은 시장 규칙들의 이식이다.
지배 신화는 사익私益이라는 교조, 사유 재산의 신성화와 불
가촉성에 기초한 시장의 규칙들을 마치 진정한 경제학 법칙
으로 여긴다. 또한 지배 신화는 사회의 목표들과 기획들을
도입해 자연스러운 작동방식에 개입하려 든다. 지배 신화와
유사한 시각들 중에서 가장 어리석은 짓이다.

실제로, 하이에크를 필두로 한 신자유주의 경제학자들은
이러한 개입을 신성모독으로 여긴다. 왜냐하면 이 신성모독
은 자발성과 객관성을 바탕으로 구성된 "대체 불가능한 가
치들"의 변질을 초래하기 때문이다.

… 우리가 '사회정의'라고 부르는 것을 규정하거나 시

험하도록 하는 긍정 혹은 부정의 기준은 존재하지 않는다. 사회정의는 존재하는 것들 중에 가장 허약한 측면들 가운데 하나이다. … 또한 사회정의가 일정한 합목적성을 수반해 소득 분배의 통제 문제를 보존해야 한다고 말한다면, 우리가 생산하는 만큼 생산하도록 하는 '조직의 작동방식'을 완전히 파괴하고 말 것이다.73)

지난 두 세기 동안 경제사상의 주요 분야에서 추구된 시장의 정착 과정, 즉 시장을 자연스러운 것으로 생각하는 과정은 시장의 신성화에 다다랐고, 변혁의 실행 불가능성에 이르렀다. 불행은 그저 자기 운명일 따름이다. 왜냐하면 우리는 체제 내부의 신의 섭리Divina Provvidenza가 된 "경제 이성"에 대항할 수 없는 지경에 이르렀기 때문이다. 결국 우리는 지배 경제의 패러다임을 구성하는 주된 요소들의 가면을 벗겨야 한다. 즉 희생자를 끝없이 필요로 하는 공리인 이 '희생주의' 패러다임이 씌운 협잡의 가면을 벗겨야 한다. 최초의 산업 혁명을 낳았던 수백만 민중들의 비참하고 끔찍한 현실에 직면한 고전 경제학자들은 가난한 사람들을 위해 필요했던 것을 두고 40년 동안 싸웠다. 오늘날 우리가 보는 결과는 끔찍하다. 그러나 그것은 시장의 자연성naturalità, 74)과 신화의 관계 속에 있다. 즉, 우리는 가난한 사람을 돌볼 수 없고, 시장의 작동방식에 맡겨야 한다. 시장은 불필요한 자들을 제거하는 일을 맡을 것이며, 이 모든 것에 걸림돌은 없다. 시장 법칙은 자연 법칙이며, 결국 신의 법칙이다. 희생자 패러다임이 내재화된 이상, 사람들은 자유 시장의 제단 위에서 불탄 수백만 희생자들의 고통에 무관심하거나 이 희생자들을 공개적으로 저주하게 되었다. 토머스 칼라일의 시는 이를 다음과 같이 그린다. "가난한 사람들이 비참한 지경에 빠졌다면, 이들의 숫자는 급격히 줄어들 것이다. 쥐 몰이꾼이 그 비밀을 가르쳐줬다. 제일 빠른 방법은 비소砒素를 사용하면 된다."75) 잉여 인간들에 대한 사회적 배제 문제와 관련해, 라틴아메리카 신학자 우고 아스만의 관찰이 꽤 타당해 보인다.

실로 자본주의는 하나의 '문화'이다. 그리스도인들은 이 점을 각인해야 한다. 어떤 것을 파괴하려는 욕구가

의식, 문화적 소통 양식 내부에 껴들었다.[76]

가난한 이들의 고통에 눈 감은 맹인이 산업 사회의 탄생과 직결된다는 생각은 경건한 망상에 불과하다. 희생자를 양산하는 체제의 본성이 우리의 눈을 가렸다. 그것은 지금도 마찬가지이며, 무의식 차원에서 자행되기도 한다. 국제금융기구와 세계은행에서 근무하는 사람들은 가난한 국가들에게 '더 나은 내일'이라는 넓은 시각으로 '오늘의 희생자'를 만들라고 설교한다. 고도의 말처럼 내일은 결코 오지 않는다. 동시대를 사는 지금 이 순간에도 어떤 아이들은 의약품 부족으로 죽어간다. 생존 조건들이 결코 뒷받침되지 않는다. 사회 보장과 서비스도 소위 "구조 조정aggiustamenti strutturali"을 성실히 이행한다는 명목으로 눈에 띄게 줄었다. 이러한 신화와 대면한 우리는 다음과 같은 결론을 내린다. '시장이 야기한 갖은 위기들에 직면한 작금의 현상은 시장의 규칙들이 제대로 적용되지 않았기 때문이다.' 그리고 우리는 새로운 무곡舞曲을 들으며 재출발을 감행한다. 희생자를 낳는 이 정신은 황당한 결과를 낳기도 한다. 성공한 자들, 사회의 풍요를 누리며 사는 자들을 모방하려는 욕망에 사로잡힌 가난한 사람이 때때로 또 다른 가난한 사람들의 희생을 초래하는 장본인이 된다.

해체를 종용하는 신화적 지지대의 유의미하고 자명한 이치를 이른 바 "주관적 가치론"이라 부른다. 마르크스나 그 전의 애덤 스미스는 노동 시간이 상품 가치를 결정한다고 생각했다. 그러나 상품 가치는 더 이상 인간에게 부과된 노동 시간에 의존하지 않는다. 도리어 '구매자의 욕망'이 상품 가치를 결정한다. 주관적 가치론은 노동을 완전히 무효화하고, 인간을 단순한 소비자로 전락시키며, 오로지 시장 가격의 형성에만 관심을 갖는다. 체제의 한 가운데 자본을 두고 생산자를 소멸시키는 코페르니쿠스적 혁명이 아닐 수 없다.

주관적 가치론을 기점으로, 경제의 관심사는 상품 가격의 안정화와 구매자의 욕망 충족에 민감한 '거시 작동방식'을 지향한다. 시장은 이러한 신화의 단위가 된다. 합리성과 윤리적 선의 기준도 자체 구축하는 시장은 통제 불가능한 상태가 된다.[77] 이처럼 칼 폴라니가 "거대한 전환"이라고 명명했던 것이 송두리째 흔들린다.[78] 다시 말해, 인류사 최초로 사회 조직의 역할이 시장에게 위임된 사건이 일어났다. 근대 시기 이전에는 맹목적인 작동방식 때문에 인간이 자신의 권력과 책임을 포기하는 일은 결코 일어나지 않았다. 공익이라는 이름으로 물건을 제작한다는 확신을 갖고 노동을 지속했다. 세계화가 야기한 파멸의 결과들과 마주해, 오늘날 신자유주의자들의 인간과 지구를 향한 맹목적 태도는 도덕성 부재의 소산이 아니다. 오히려 지배 경제 구조가 약탈하고 유린한 결과물을 은폐하는 이데올로기에 사로잡혔기 때문이다. 이러한 경제적 결과의 은폐는 그 경제적 전제들의 은폐와 맞물린다. 엔리케 두셀은 엄정한 잣대로 이를 다음과 같이 판단한다.

오늘날 경제학자들은 현실에 무지하고, 동시에 현실을 은폐하는 학문에 기초해, 인류와 지구를 파멸로 모는 무책임한 작업에 종사한다. 그렇기 때문에 우리는 모든 경제 개념을 파괴하고, 비판적 재구성 작업을 진행하려 한다. 경제가 학문으로 등장한 현 시대에 이 작업은 매우 중요하다. 그 작업은 수학의 전제가 아닌 인간학과 역사의 전제에 근간한다. 현대 경제사상을 가감 없이 보여주는 수학 모델은 반성 없는 결과물일 뿐이다.[79]

그러나 현실과 거리를 유지할 수 있게 하는 새로운 시각, 즉 새로운 삶에 대한 시각의 윤곽―종자種子 정도 혹은 이제 갓 밑그림을 그리기 시작한 단계라 할지라도―이 이미 드러나지 않았다면, 이 라틴아메리카 철학자가 소원한 해체 작업은 어려운 일일 것이다.

생명에 대한 새로운 시각

필자는 위 제목 자체를 강조하고 싶다. 왜냐하면 비판적 태도에 내제된 위험성은 그것이 퇴행과 무산無産이라는 결과로 이어지고, 따라서 비판을 위해 문제 삼았던 대상과 결국 똑같기 때문이다. 앞 장에서 이미 제시한 것처럼, 만일 경제가 망상이고 자기 자리가 아닌 특수한 자리를 점했다면, 생명을 부여하는 진정한 힘에 대한 인정이야말로 우리가 취할 수 있는 진정한 첫 걸음이 될 것이다. 인간의 "인간다움"을 지지하고 인간들 사이에 존재하는 사랑의 관계에서 나타나는 빛을 깨달아야 한다. 이 빛이 없다면, 인간은 잔혹성, 비탄, 무한한 근심의 굴레에 빠지고 말 것이다. 사상은 죽음을 통해, 언어는 증오를 통해 생존하고, 행동이 광란의 파괴로 돌변할 수 있다는 점을 생각하면, 사상, 언어, 행동의 진정한 존속은 사랑의 관계에서 나타나는 빛을 통해서만 가능할 것이다. 인간이 이러한 원초적 투명성을 갖고 산다면, 자신을 사랑할 수 있을 것이며, 선물처럼 자신에게 출현하는 타자의 얼굴, 인간의 언어로서의 목소리, 사랑으로 육체를 받아들일 수 있을 것이다.[80]

"사랑은 끝없다"[81]라는 바울의 말이나 "사랑하는 자는 누구나 하나님에게서 나서 하나님을 안다. 하나님은 사랑이기 때문이다"[82]라는 요한의 말에서 볼 수 있듯, 초기 기독교 사상이 바로 그러한 방향을 지향하는 것처럼 보인다. '접근 금지 구역'–오늘날 전문용어처럼 사용되는 말로 표현할 수 있다면–이 있다면, 아마도 그것은 "인간관계"일 것이다. 그러나 잊지 말아야 할 부분이 있다. 사랑의 관계는 연약한 정복이며, 타인을 저해하는 잔혹극, 생명을 참살하는 비극, 생명의 언어를 사용하면서 죽음을 낳는 기만에 언제나 넘어갈 위험이 있다. 우리가 집중해야 할 일차 작업, 근본 작업은 전제를 토론하는 철학적 질문이 아니다. 오히려 인간을 인간으로 탄생하게 할 수 있는 깊은 온정이다.

현실 경제의 상황에서 비슷한 시각에는 과연 어떤 의미가 있는가? 무엇보다 모든 것을 "돈으로 계산할 수 있고, 돈으로 셀 수 있다"는 주장, 더 부자가 되기 위해 일해야 한다는 주장, 이기기 위해 싸워야 한다는 주장, 팽창은 통제할 수 없는 흐름이라는 주장처럼 이미 자리를 잡은 지배 문화의 토대들을 대체할 수 있는 노동, 장기 계획이 필요하다. 이와 반대로, 문화와 영성을 통한 노동이 필요하다. 또한 다른 가치들을 인정하고, 다른 공리들에 기초한 새로운 유형의 사람들의 출현을 위한 노동이 필요하다.

관계에 특권을 부여하는 것은 지배 체제에서 구현된 것과 반대의 길을 만들며 상품화할 수 없는 것을 모두 시장에서 빼 내는 것을 뜻한다. 사람, 사람의 몸, 유전자, 관계까지도 매매할 수 있다고 말하는 상품화mercificazione에 강력히 맞대응해야 한다. 사랑, 우정, 믿음, 지혜와 같은 것은 인간의 본질적인 실재이며, 결코 돈으로 사고 팔 수 없다. 인간다운 삶의 본질적 요소로서 무상성la gratuità을 재도입해야 한다. 문화의 지평에서 볼 때, 이 모든 것은 건강, 교육, 사회복지 제도처럼 금전金錢 제국에 낯선 영역들까지 사물화 하는 체제의 종잡을 수 없는 충동에 대한 저항을 뜻한다.83) 스페인의 기업인 헤르만 안코체아는 다음과 같이 말했다. "시장이 날마다 모든 것을 상품으로 전환하려고 한다면, 오늘 우리는 상품에 속하는 것을 단순한 사물로 재 전환해야 한다."84) 이 발언이야말로 개인주의의 지평을 뛰어 넘는 매우 아름다운 문화 기획이라 하겠다.

우리는 사회의 비참한 모습을 기록한 주장들을 무시하지 않고, 지속적으로 경제중심주의 학설들을 문제 삼아야 한다. 다시 말해, 더 부자가 되고 더 많은 돈을 벌기 위해 일해야 한다는 사고 자체를 거듭 심의해야 한다. 인간의 활동 목적이 단지 '부자'가 되는 데 있다면, 모든 것을 교환 가능한 물품으로 바꾸는 시장 체제의 소용돌이에서 결코 헤어나지 못할 것이기 때문이다.

또한 노동을 '돈벌이를 위한 생산' 정도로 이해하는 종교도 버려야 한다. 우리는 현실에 확고히 뿌리 내리고, 현실에서 인간의 정체성을 확인해야 한다. 인간의 행동은 생산 현장에서 멀어진다. 심지어 그 행동이 온건한 형태의 활동이라고 해도 상황은 마찬가지이다. 인간의 행동은 판매를 위한 물품 제작에 혈안이 되지 말아야 한다. 인간의 행동은 인간다움을 성장시키기 위한 것이어야 한다. 추상 담화나 강압을 중요하게 보는 자들에게 들려 줄 말이 있다. 추상적인 표현 가운데 최악의 표현은 바로 '돈'이며, 돈과 관련된 모든 '금융 체제'이다. 이것이야말로 현 시대의 진정한 "인민의 아편"이다.

지배 문화는 인간의 생명을 만인에 대한 만인의 투쟁 상태로 환원시키는 경쟁 관계를 종용한다. 만인에 대한 만인의 투쟁에서는 오직 강자만이 생존권을 확보한다. 사회 내부에 전쟁을 도입한 사회 진화론Darwinismo sociale은 각자의 생존권 보장이라는 원칙으로 대체되어야 한다. 물론 이 생존권은 각자의 조건에 제한을 받지 않아야 한다. 오늘날 승자 문화를 추종하고 성공 신화를 숭배하는 사람들은 10년 전까지만 해도 의심의 여지없던 말인 '생존권 보장'을 조직적으로 파괴했다. 미국의 칼뱅주의에서 그 뿌리를 확인할 수 있는 한 가지 시각에 따르면, '가난한 사람들은 방랑자 아니면 얼간이'일 뿐이다. 따라서 자기 상태에 대한 책임은 전적으로 자기가 져야 한다고 떠든다.

체제 적응도가 높은 자들의 생존 문제를 이론화하는 시대이자 인류의 2/3가 체제의 혜택에서 배제된 시대에 모두의 존엄성을 인정하는 긴 여정, 그리고 사회정치 영역의 실질적 평등-서구 세계에서 기독교의 영감을 얻은 실천으로 자극된 운동-을 향한 여정은 저지선에 걸린 것처럼 보인다. 마치 "인간 사랑을 위한 우리의 제1원칙은 약자들과 거지들의 소멸이다"라고 말한 니체의 잔인한 아포리즘의 실현처럼 보인다.

결국, 경제 경쟁이 삶의 전 측면을 식세포처럼 빨아들였다. 어떤 인간도 결코 섬이 아니며, 창 없는 단자monade가 아니므로 상호 수용의 관계를 바탕으로 사회를 구성하자는 '연대의 공리' 조차 경제의 가짜 얼굴을 폭로하기 어려운 형편이다. 다른 측면에서 보면, 부자들이 사회를 주도해야 한다는 '귀족주의' 의 주장결국 이들의 술책에 지나지 않는에 대해 우리는 민주주의의 중요한 특징인 '집단 책임responsabilità collettiva' 실천론으로 맞서야 한다.

지배 체제의 제1원리, 즉 체제가 허용한 안정성에 도달하기 위한 유일한 정식인체 하는 '지속 팽창론' 을 대체하기 위해 필요한 것은 다음과 같다. 무엇보다 인류의 공공재에 대한 존중이 필요하다. 우리는 공기, 물, 땅을 무비용 자원으로 여기지만, 어떤 이들은 시장 논리에 따른 재구축 과정에서 자연 파괴는 불가피하다는 말을 수용하기도 한다. 달리 말해, 합성수, 공기 담은 병, 유전자 변이 조직, 복제 기술로 얻은 신체 기관처럼, 대규모 산업이 우리에게 내 놓는 인공 자연 제조품이나 받아먹고 살라는 '조롱'이다. 열대우림 지역에서 경작 가능한 작물이나 섭취 가능한 작물 몇 가지를 소유한 뒤, 해당 식물을 연구하며 유전자들을 조작, 대체하고 그에 대한 지적 재산권을 주장하는 다국적 기업들의 유전자 해적질은 두 말 하면 입만 아프다.85)

현실은 이렇다. 사람들은 경제 체제에 관한 지속적 논의보다 땅을 파괴하는 방식을 더 선호한다. 공해와 관련된 문제는 그 방식을 더욱 적나라하게 드러낸다. 사람들은 본인이 공해의 주범이자 재난의 생산자라는 사실을 안다. 그러나 이를 거슬러 후퇴하거나 방향을 전환하지 않는다. 사람들이 의존하는 유일한 방책은 북반구의 산업국이 만든 공해를 가난한 나라 사람들에게 수출하면서 그 값을 그들에게 물리는 것 밖에 없다. 탁월한 경제학자인 래리 섬머스는 이를 다음과 같이 이론화했다. "내 생각에, 저임금에 시달리는 나라들이 독성 폐기물을 방류하는 경제적 이유는 매우 논리적이다. 우리는 현실을 직시해야 한다."[86]

미국의 일부 산업은 잔류성 오염도 높은 공장들을 라틴아메리카로 이전함으로써, 이론을 실천으로 옮겼다. 야생을 착취하는 이론의 틀은 근대 과학의 시초라 불리는 저자들의 글에서 그 기원을 찾을 수 있다. 이들은 "자연의 주인과 소유주"가 바로 인간이라는 시각을 펼친다. 오랜 시간 이뤄진 순수 자연 공간의 감소와 도구 이성의 배타적 사용은 오늘날 우리를 '무감정' 상태에 빠뜨렸다. 그러나 우리 문화의 현 상황에서 종종 확인할 수 있듯, 기술 진보와 더불어 새롭게 부상한 문제들기술 자체의 문제도 포함해을 해결할 수 있으리라는 생각은 망상이다. 기술 진보를 만능 해법으로 여기는 사고는 자연에 대한 접근법을 바꾸지 않고 부에 대한 집착을 포기하지 않도록 하는 기교이자 능력이다.

지금까지 우리는 여전히 강고한 힘을 발휘하는 가치들의 총체가 지배권을 행사하는 체제의 중심부를 대체하려는 문화의 노력장기간 진행된을 다뤘다. 그러나 자본주의의 필연적 붕괴—여기에서 우리는 자본주의의 내적 모순과 그 퇴행의 냉혹함을 논한 마르크스의 담론을 염두에 둔다—를 예언함에도 불구하고, 이 퇴행 공리들이 체제의 지속을 가능케 하는 매력을 발산하는 방법에 대해 물어야 한다. 체제의 토대들은 인간에 대한 긍정을 이야기한다. 이 점을 생각할 필요가 있다. 그러나 달리 말하면, 체제의 토대들은 동시대성현실성을 하나도 취하지 않는다. 오히려 이 토대들은 자신이 설파하는 긍정 자체를 축소하고, 쇠락하게 만들고, 타락시킨다. 이에 대한 자세한 설명이 필요할 것이다.

  a) "돈"—이것은 체제의 진실을 대표한다. 체제의 실제 측면에서 보면, 돈은 욕망에서의 해방을 표현한다. 우리는 지배 경제 체제와 비인간적인 필수품 결핍을 비판하려는 열정을 저평가하지 말아야 한다. 역사를 주의 깊게 읽어야 하며, 이 비인간적인 현실을 확인하기 위해 남반구 국가들로 발걸음을 옮겨야 한다. 중세기 우리의 선조들은 이렇게 기도했다. "주여! 흑사병, 기근, 전쟁에서 우리를 구하소서.A peste, fame et bello libera nos Domine 따라서 결핍의 사회를 이상화 하는 것도 관건이 아니며, 억압의 망상에 젖는 것도 쟁점은 아니다. 오히려 다음 사실에 대한 확신을 갖는 것이 중요하다. 돈이 세계 질서나 삶의 궁극적 목표의 주춧돌이 된다면, 돈은 결코 우리를 해방시키지 못할 것이다. 오히려 돈은 현실을 살아가는 구체적인 인간을 파멸로 내모는 거대한 물신이 될 것이다.

이를 파악하고 의식하기 위해, 굳이 마르크스의 분석까지 끌고 들어올 필요 없이 일상의 경험이면 충분할 것이다. 이와 같이 돈의 긍정 기능은 왜곡되고, 돈은 보편 상품화를 위한 중요 도구로 바뀐다.

b) "시장"—지배 체제에서 시장은 사회의 기초를 안전하게 얽는 '신화의 작동방식', 통제와 계측이 불가능한 작동방식을 만든다. 그러나 시장은 그 본질상 인간과 인간 사이에 재화들을 통용하고 교환할 수 있는 가능성과 필연성을 가리킨다. 의심의 여지없다. 교환은 기본 등식을 따르며, 두 협력자 모두에게 유익해야 한다. 그럼에도, 시장에서 삶의 전면

에 대한 양화 작업이 가능하고 사람들이 모든 것을 규제할 수 있는 책임을 포기한다면, 이 신화의 작동방식은 어긋난 방향으로 기울어질 것이며 치명적인 살상 도구를 키울 것이다. 현재 인류의 다수는 시장에서 얻을 수 있는 이익에서 배제되어 있다. 그것은 인간적 상호 소통 관계의 본질에서 어긋나며, 보편화된 매춘의 첫 번째 요인이다. 모리스 벨레가 주목한 것처럼, "이 흐름을 멈출 수 없다면, 우리는 강박과 매춘이 만연한 인류를 향할 것이다. 마약의 세계는 인류에게 재난의 예표일 것이다."[87]

c) **"팽창"**−이미 확인한 것처럼, 팽창성장은 체제의 여러 구호들 가운데 하나이다. 체제는 항시 더 많은 재화, 쾌락, 소비를 이야기한다. 그러나 그 체제에서 우리는 팽창의 축소 역시 목도한다. 팽창의 본질적 의미는 '양화量化'에서 찾을 수 있으며, 쓸데없는 것까지 미친 듯이 축적함으로 사람과 피조 세계에 암적인 존재가 되는 물품 생산과 동일시된다. 팽창은 제조가 아닌 창작을 중시하는 영역인 예술, 지식, 사랑에까지 인간의 욕망을 확장시킨다. 창조성과 관련된 활동

까지 욕망을 퍼트리는 이 팽창의 심층은 그늘에 가려 있다. 따라서 성장을 타락시키는 양화와 시장에서 그것을 빼앗음으로, 성장을 독려해야 한다.

d) **"경쟁력"**—지배 수사학의 이맛돌chiave di volta은 바로 경쟁력이다. 이에 대해, 다음과 같은 시각도 가치 있을 것이다. 지배 질서는 패자와 망자를 낳는 전쟁의 복사판이다. 반면 다양한 시각에서 보면, 그것은 우리를 위협하는 요소들을 피하기 위한 공통부분을 발전시킬 수 있다. 생태계 문제와 핵무기의 위험은 우리 모두를 동일한 방향으로 내몬다. 경쟁은 라틴어로 '함께가다cumpetere' 라는 단어의 어원과 맞물린다. 브루노 아모로조는 "경쟁이란 협력하는 방법"[88]이라고 말한다. 이 새로운 목표는 경쟁력에서 표출되는 공격성과 폭력을 마술처럼 사라지게 할 수 없을 것이다. 그러나 이를 건설적인 방향으로 흐르게 해야 한다. 모리스 벨레의 정당한 주장처럼, '경쟁력은 남성의 목소리를 분명히 표했지만, 이것의 변화된 형태는 여성성의 전형인 생산과 창조를 지향한다'[89]는 내용을 강조할 필요가 있다.

"거대한 전환"

우리는 생명에 관한 전혀 다른 시각에서 도출된 공리들과 더불어, 현실 사회의 지배 원리들을 대체할 필요가 있음을 이야기했다.

분석을 전개한 결과, 우리는 체제가 자기 토대들의 실제 측면을 왜곡하고 악화시킨다는 사실을 알게 되었다. 체제의 핵심부를 차지한 돈, 시장, 팽창, 경쟁력은 지배 체제가 말하라 한 것을 말하지 않는다. 따라서 이를 완수하는 데 적합한 작업은 '대체' 보다는 '전환' 일 것이다. 우리의 분석에서 가장 중요한 부분은 '인간 욕망의 해방' 이다. 다시 말해, 한 편으로 이 욕망을 단순한 충동 욕구 정도로 축소하면서 다른 쪽에서는 그 욕망에 날개를 다는 현상에서 욕망을 해방시키는 일이 중요하다. "따라서 욕망의 전환이란 욕망의 무한성에 대한 인정이다. 즉, 언제나 성장을 외치는 소비의 가짜 무한성에 문제를 제기하려는 욕망의 무한성에 대한 인정이다."[90]

　'이익의 우상숭배'와 '생명의 상품화'를 극복할 수 있는 신비를 더 깊이 체험하기 위한 공간이 다시 열린다. 우리는 '인간은 무한의 지평으로 향하는 초월적 존재'라는 말로 되돌아간다. 우리의 현실을 포함해 모든 현실에는 토대가 존재하고, 쉽게 포착되지 않는 심연이 존재한다. 다양한 문화들은 각자의 언어를 통해 그 심연을 '현존'이나 '부재'라 칭한다. 철학자들은 전문 용어를 사용해 이를 "우발성의 경험"이라 명명했다. 즉, 인간이 확고하게 신뢰할 수 있는 "더 많이di più"와 "너머에oltre"를 의식할 때까지, 우리는 자신의 유한한 한계와 접촉한다.[91] 사물의 장애물이 제거된 곳에서, 현대인은 "나보다 더 깊은 곳에 계신 주님, 내가 도달할 수 있는 높이보다 더 높이 계신 주님interior intimo meo, summus summo meo"이라고 규정했던 현실, 우파니샤드가 "곡식 종자보다 작을수록, 땅과 산들보다 크다"라고 정의했던 현실이

밝혀지는 곳인 '무한한 개방성'을 깨달을 수 있다.

　욕망에서의 해방을 추구하는 작업은 지배 체제의 중심축을 바꾼다. 팽창은 질적인 것을 향한 욕망의 확장이다. 자연과 인간이 고갈될 때까지 더 생산하라 종용하고, 생산의 속도를 멈추지 않는 일을 더 이상 팽창이라 부를 수 없다. 인간다움은 사랑, 명상, 예술, 지식과 같은 지극히 인간적인 활동을 통해, 모든 인간 속에서, 그리고 인간들이 만든 모든 것 속에서 성장한다! 우리는 이러한 팽창을 제한하지 않는다. 왜냐하면 안톤 베르고테의 유명한 책에 등장하는 플란데런 지방 사람들의 속담처럼 '집이 아직 넓기' 때문이다.[92] 인간은 공격성과 폭력의 짐 더미를 관계의 힘으로 바꾸는 일을 결코 멈추지 않는다. 경쟁의 의미도 바뀐다. 우리는 더 많은 물건을 소유하기 위해 경쟁하지 않고, 더욱 더 인간다운 존재가 되기 위해 경쟁한다. 또한 우리는 비인간화를 조장하는 것에 맞서 투쟁하기 위해 경쟁한다. 자아실현을 향한 욕구는 앞으로도 사라지지 않을 것이며, 경쟁 관계에서 표출되는 알력도 사라지지 않을 것이다. 다만 인간성의 보호를 위한 공동 행동을 지향하는 쪽으로 이 요소들을 견인해야 할 것이다.

오늘날 일부 경제학자들이 경쟁 개념의 극복을 거론하기 시작했다는 점, 협력과 공동 발전에 관해 말하기 시작했다는 점은 매우 중요한 부분이다.

> 개념들에 대한 재규정 작업이 필요하다. 우리는 경쟁 돌입을 위해 협력을 중단한다. 왜냐하면 타인들을 교란시키는 데 이 개념은 무의미하기 때문이다. 반대로, 우리는 협력 가운데서 경쟁하며, 협력을 위해 필요한 양식들과 최선의 생각들을 논한다. 우리는 튀니지 사람들을 교란시킬 수 있는 최선의 방법을 찾기 위해 조직화를 추구하지 않는다. 그리고 서로를 파괴하는 결말을 맞을 수 있을 행동을 개시하지 않는다. 대신, 우리 사이에서, 그리고 튀니지 사람들과 머리를 맞대고 어업 문제에 관한 최선의 해결책을 찾는다.[93]

경제 노동 국가위원회CNEL이 전개한 "연대 고리anelli di solidarietà"의 명제는 유럽 지중해 지역 국가들의 경제 협력을 호소했다. 이 명제는 경쟁을 협력으로 전환하는 구체적인 사례를 보여준다.94) 아모로조에 의하면, 불균등한 영역들에서 협력이 항구적인 종속 관계를 바꿀 때, 공동 협력은 필연이 된다.

반대로, 공동 발전은 출발점의 다양성에 대한 인정을 의미한다. 또한 시간이 걸리더라도, 특정한 평형 상태에 도달할 수 있는 관계의 투명성을 뜻한다. 공동 발전은 시장을 놀이 규칙에 고착될 가능성에서 배제시키며, 교환 관계를 만들고, 그 관계에 필요한 시너지 효과를 추구한다. 세계무역기구와 국제금융기구와 같은 기관들은 규칙들을 고착화하고 그것을 타인들에게 강제하기 위해 창설되었다.95)

우리가 희망한 욕망의 변화는 한 층 깊은 차원에서 시장과 교환을 다시 읽는 작업의 출발점이 된다. 주고받음은 삶의 운율 자체를 표현한다. 즉, 주는 행위를 통해 인간은 자신의 진정한 힘을 인정하고 인간다움을 자라게 하는 선물을 기쁘게 받는다. 돈의 물신숭배에서 해방된다는 말은 "증여가 시장의 반대어가 아니라는 것"에 대한 인정을 뜻한다. "그것은 감춰진 진리이다."96)

다른 관점에서, 우리는 돈을 '악마화' 할 필요가 없다. 돈은 새로운 가능성을 열 수 있는 인간 소통의 수단이다. 돈을 타자성을 통해 표시한다면, 현실 경제를 광기로 내모는 지배 체제에서 맡은 돈의 특징, 곧 사악한 무한자로서의 성격은 사라질 것이다. "돈을 모독"하려 했던 마오주의의 바람이나 돈을 금하려 했던 폴 포트의 유혈 유토피아 대신, 우리는 돈을 인간관계의 진정한 의미로 되돌려야 한다. 이것이 체제의 광기를 수락했던 '전능한 파괴자'에게서 돈을 해방시킬 수 있는 가장 확실한 방법일 것이다.

근본적으로, 거대한 변화는 인간과 사회의 변동을 겨냥하는 장기간의 문화적 노력, 변화의 첫 번째 조건으로 시각의 변화를 요구하는 문화적 노력에 달렸다. 화가들은 "시선이 전부"라고 말한다. 근본적 변형은 머리, 감성, 그리고 현실에 대한 경청에서 시작된다. 그것은 생명에 똬리를 튼 죽음을 곱게 받아들이지 않는 인간, 인간의 인간다움을 이루기 위해 멈추지 않고 노력하는 인간, 즉 전혀 다른 인간의 도래를 뜻한다. 우리는 다음과 같이 말할 수 있다. 우리 앞에 놓인 현실의 거대한 도전은 '실제적인 것'의 복구와 관련 있다. 그것은 모든 차원의 회복이다. 즉, 신의 차원인 초월과 자유, 인간의 차원인 관계성, 우주의 차원인 땅의 회복이 필요하다.97) 신비의 차원이 없다면, 남은 것은 질식과 절망뿐이다.98) 기능 관계에만 관심을 갖는다는 말은 삶의 의미 상실을 뜻한다. 우주와의 관계를 무시한다는 말은 폭력과 기계의 삶으로 바뀐다는 말과 동의어이다. 반드시 필요한 부분이 있다. 현대인은 실제적인 것의 심도를 잊지 않도록 "중심을 잡는다." 모든 것은 이미 주어져 있다. 그리고 과장된 미래를 추구하는 병을 치료할 수 있는 묵상을 통해, 우리는 "현재"를 사는 법을 습득한다. 더불어 우리는 이 방법과 태도를 끝없이 재발견한다. 항상 더 가지려 하고, 더 높이 가려하고, 다른 사람들보다 앞서려는 데 혈안이 된 현대인의 자화상은 "현재"의 풍요로움을 상실한다.99) 기획, 통제, 사물의 고착, 그리고 이것들을 추종하는 현 시대 문화의 질병이 우리를 과도한 목적론의 노예로 만든다. 이 목적론의 좌장에서, 우리는 수용하는 존재, 현실에 개방하는 존재가 되지 못한다. 그러나 인간다운 인간이 추구하는 모든 일에는 하나의 목적이 있다. 바로 '무상성gratuità'이다.

연달은 내부의 빈곤화는 매개의 역할을 독려하는 위대함과 성공에 대한 탐구를 자극한다. 더욱이 현실의 삶이 점점 도구 사용에 근간한다는 사실을 잊지 말아야 하며, 이것이 인간론의 변화를 도출한다는 점도 잊지 말아야 한다. 우리는 '도구 이성'을 택하는 데 익숙하다. 그 결과 고독이 만연하며, 폭력이 기하급수적으로 늘었다. 일상에서 흔히 볼 수 있는 일이라는 말로 강조할 필요까지 없을 것이다. 다만, 우리는 타자들과의 관계 발전 및 공생협력convivialità의 기술이 얼마나 중요한지를 이야기할 뿐이다.

이것의 심층부를 재발견하려면, 우리 주변에서 벌어지는 가장 단순하고도 일상적인 행동을 옹호할 필요가 있다. 소비 사회에서 먹는 행위는 더 이상 원초적인 성찬식이 아니다. 즉, 우리를 우주 생명과의 관계, 인간적 형제애를 누리게 하는 거룩한 의식이 아니다. 단지 탐욕과 고독의 표출일 뿐이다. 우리는 타자와의 관계 맺음 없이 단순히 먹을 것을 흡수한다.

"맥도널드의 아이들"은 먹을 양식이 타인들의 선물이라는 사실, 어떤 문화권에서 말하는 신의 선물이라는 사실을 망각하며, 식사를 단지 생존을 위한 행위로 축소시킨다.

젊은 세대가 양식에 대해 보이는 공격성과 폭력을 알려면, 젊은 세대의 먹는 방식을 관찰하는 것이면 충분할 것이다. 헛헛증과 식욕 부진이 우리 시대의 질병이 되었다는 것은 놀랄 일이 아니다.

'걷기camminare'는 육상 경기나 경쟁의 경우를 제외하면, 크게 주목 받지 않는 기법이다. 우리의 걸음을 대체한 것은 자동차이다. 자신만의 보폭으로 걷는 경험, 자연 만물 가운데 한 자리가 되는 경험, 사물들을 맛보는 시간을 갖는 경험, 사람들과 만날 수 있는 시간을 갖는 경험은 매우 드물어졌다.

겉으로 드러나는 현상들과 무관하게 '말하기parlare' 역시 사람들이 점점 기피하는 동사이다. 사람들은 말하지 않고, 정보를 교환한다. 우리는 생생한 목소리가 아닌 도구들을 통해 소통한다. 마치 타인의 얼굴을 받아들이지 않는 것과 같다. 이것은 시대 징후가 되었다. 말하기는 항상 근원이다. 다시 말해, 말하기는 너, 관계, 침묵, 청취를 전제한다. 그러나 "시간이 돈이다"라고 떠드는 시대에는 과한 요소가 되었다.

우리가 기술한 현 상황에서는 '호흡하기respirare' 조차 어렵다. 우리의 삶을 부자연스러운 운율에 맞추는 것은 괴롭다. 오늘날 호흡은 이를 분명히 드러낸다. 또한 호흡은 내적 불안을 적나라하게 드러내기도 한다. 동방 문화권에서 호흡법 체득과 더불어 모든 것이 시작된다는 것은 우연의 일치가 아니다. 내면의 평온을 파괴하는 근심과 염려의 인질 상태에 머무는 이상, 어떠한 깨달음에도 이를 수 없을 것이다. 동일 선상에서, 중요한 또 다른 동사를 이야기할 수 있다. 바로 '휴식riposare'이다. 우리 시대는 이 단어를 태만ozio, 비활동성inattività과 동의어 취급해 삭제한 것처럼 보인다. 모든 것이 되려하고 모든 것을 가지려하는 방식에서 해방되어 자신의 한계를 인정하고 휴식과 비활동을 수용하자. 도리어 그것이 지혜의 원칙이다. 본질적이고 생산적인 활동은 침묵에서 탄생한다. 나머지는 광기이다.

일상에서 활용되는 이 동사들을 지극히 인간다운 방식으로 사용할 때, 심층 혁신은 가능할 것이다. 또한 그것은 모두에게 다다라야할 일이기도 하다. 우리 모두는 변혁의 주인공이 될 수 있다. 이 변혁은 정치 상황을 유리한 쪽으로 새롭게 구현하는 역사 주체들의 지평을 그리지 않고도, 다시 말해 그러한 거대 지평에 대한 묘사를 기대하지 않고도, 실제 손발에 닿을 수 있는 소소한 행동을 통해 시작될 것이다. 정치 차원으로만 "거대한 전환"을 과하게 강조한다면, 현 세계의 상황에 직면한 무수한 사람들을 도리어 낙담과 무기력에 빠뜨리는 우를 범하게 될 것이다.

이 대목에서, 우리는 다음과 같은 질문을 던져야 한다. 단일한 문화 자원들로 거대한 전환과 유사한 전환을 실행할 가능성이 있는가? 파니카르의 주장처럼, 어떠한 문화도 자기만의 수단들로 이 질문과 조우할 수 없을 정도로 현 상황은 매우 복잡하다. 이 물음에 이르려면, 타자의 말을 경청할 필요가 있으며 타자를 통해 풍성한 산물을 낳을 수 있어야 한다.100)

청취l'ascolto는 타자를 자기 자신이 되도록 타자의 진리에 우리를 결합하는 인간의 태도이다. 즉, 우리가 이해하지 못한 것조차 '들려질 권리diritto di essere ascoltato'를 갖는다. 제기된 문제는 다음 내용을 전제한다. 첫째, 우리 문명은 절대적이지 않다. 둘째, 인간은 다양한 방식으로 자기를 표현한다. 우리는 이를 확신한다.

여전히 진화론의 편견이 서구 문화를 지배한다. 이 편견에 따르면, 과학기술의 발전으로 서구는 인간 진보의 정점을 대표하고, 타 문화권 사람들은 서구 문화가 걸었던 길을 답습한다. 서구는 자기 모델을 무턱대고 경멸하지 않는다. 그와 동시에 서구는 타 문화권의 모델에 상대화 가능한 수준에 아직 이르지 못했다.

우리가 옹호하는 상호 문화적 대화의 태도는 세계에 존재하는 다양한 방식들을 풍요로 여기고, 어떠한 형식도 단일성에 귀속시키지 않음을 말한다. 즉 어떤 종류의 공통분모도 없다. 단 하나의 논리를 통해 이르는 공통분모가 있었다면, 우리는 특정 문화에 의한 타 문화의 지배를 강요하는 새로운 권위에 복속되고 말 것이다. 세계화를 통해 우리는 인간을 문화의 단일 모델에 환원시키는 현상을 목도한다. 세계화가 낳은 이 문화적 단일 모델은 우리 세계 내부에 규범화 현상을 만들고, 타 문화권에 대한 파괴를 낳는다.101

철학자 피에트로 바르첼로나는 다음과 같이 말한다.

나는 세계화의 핵은 경제가 아닌 영, 즉 정신이라고 생각한다. 세계화는 수백만의 사고방식, 상상력, 자기 표현법을 점유한다. 세계화는 휴대전화에서 텔레비전까지, 슈퍼마켓에서 자동차까지, 그리고 우리가 입은 스웨터에서 듣는 음악에 이르기까지 일상의 구조와 행동을 통해 실현되는 상상계를 집단 식민지로 삼았다. 우리는 이 식민화의 과정을 의식하지 못한다. 왜냐하면 우리가 빠진 극히 인위적인 세계를 마치 자연스러운 세계인 것처럼 만들기 때문이다.102

모든 나라들을 세계의 거대한 시장에 구겨 넣는 것은 서구 세계의 기원 설화와 신화를 강요하면서 각 나라의 고유한 생산체계를 파괴하는 일이자 그 문화를 밑바닥까지 채굴하는 일이다. 사회생활의 평균점을 유지하는 요소들 가운데 하나인 농업과 문화의 관계도 파괴될 것이다.103 "과거에 아프리카인은 자기 땅에서 직접 생산하고 그 생산물을 먹었다. 그는 가난하지 않았으며, 자기 삶의 의미, 자기의 신들, 형평성의 윤리와 더불어 소박하고 정직한 삶을 사는 사람이

113

었다. 오늘날 전통생활은 파괴되었다. 아프리카인에게는 더 이상 일도 없고, 돈도 없다. 존엄성이라는 개념을 전혀 찾아 볼 수 없는 비참함, 삶의 어떠한 의미도 없는 비극과 다르지 않은 상황이다."104

인도의 재치 있는 속담에서 볼 수 있듯, 개미 한 마리가 코 끼리 한 마리를 잡아당길 때, 코끼리가 개미에게 가는 것이 아니라 개미가 코끼리 쪽으로 간다. 우리의 문화는 이미 배 치된 기술 수단들과 더불어 파괴력을 갖는다. 타 문화권은 이 파괴력을 피할 수 없다. 본토의 전통 문화에 충격을 가한 세계화의 문제를 기록한 싱가포르 지성인의 증언에 귀 기울 여 보자.

팽배하는 탐욕이 사회의 영혼 그 자체가 되며, 삶과 생 각의 거의 전 측면을 점령한다. 모든 사물에 가격이 매 겨진다. 경제, 특히 1960년대 경제의 폭발적인 성장에 발맞춰, 사람들은 싱가포르 시민들이 가치 체계를 발전 시켰다고 생각한다. 이 가치 체계에서 사람, 대상, 활동 의 장점과 중요성은 그의 실제적 혹은 잠재적 금전 가치로만 결정된다. [이 체제에서는] 한 사람의 시장 가치, 이 사람이 제공하는 용역의 시장 가치, 달러와 센트로 기록되는 재화에 담긴 시장 가치매우 빈번하게 사용되는 표현가 가장 중요하다. 질적 용어들예컨대, 양적 총체로 환원 불가능한 사랑, 용기, 명예, 희생, 정직, 이타주의와 같은 용어은 모두 무시 받는다. 다시 말해, 그들은 이 용어들을 유치하다고 비웃으며 가볍게 무시한다.105

문화 간 상호 대화를 위한 기술은 서구 문명에 삶에 대한 새로운 시각을 고양하는데 결정적인 요소가 될 수 있을 것이다. 우리는 정신 차원 너머에 어떤 것이 존재하고 인간 실존에서 '로고스'만큼 침묵도 가치가 있다고 가르치는 동양의 문화들을 배울 수 있을 것이다.106

우리가 누리는 생활양식의 전형인 '자의지의 고조'는 인간의 심층에 이르기 위한 본질 조건인 자아의 축소에 그 자리를 넘겨줘야할 것이다. 아프리카 대륙의 문화들은 우리에게 공생협력 관계와 말의 중요성을 재발견하도록 했으며,

라틴아메리카의 민중들은 대지 자체 및 대지의 요소들과 우정을 맺는 법을 가르쳤다. 혼합주의와 위험을 염려하는 이들에게, 문화와 문화 간의 장벽들이 무너졌고, 그 사이로 마주침이 일어난다는 사실을 이야기해야 한다. 또한 오늘날 거대한 문화들, 즉 돌덩어리처럼 거의 모든 것을 하나로 묶은 문화들도 수많은 마주침의 산물이자 상호 영향력의 산물이다. "히브리, 그리스, 로마, 게르만 종교의 뿌리에서 싹튼 심층 혼합주의가 없다면, 오늘날 기독교는 과연 무엇인가? 인도 대륙의 무수한 종교들의 공헌이 없었다면, 우리가 힌두교라 부르는 것은 도대체 무엇인가?"[107]

유일한 실제 차이는 다음과 같다. 과거에는 시대가 미미한 침투를 거쳐 도래했지만, 현재는 매우 빠른 속도로 이뤄진다. 타자들의 소리에 귀를 기울이고, 타자들의 것을 습득하는 일은 인간의 유일하고도 존엄한 태도이다. 왜냐하면 인간은 과학적 인간학의 작업처럼 자기를 객관화해서 연구하지 않고, 자신을 있는 그대로 이해하기 때문이다. 또한 자신을 통째로 이해하듯, 타자에 대해서도 객관적 분석이 아닌 있는 그대로 이해하려고 하기 때문이다. 우리 시대와 같은 시대에, 한 인도인 연구자의 다음과 같은 정리에 주목할 필요가 있다. 정체성의 한계들은 사전에 엄밀한 경계선을 규정하는 서구의 존재 모델을 따라 규정되지 말아야 하며, 오히려 공nulla에서 시작하고, 특별히 개방과 환대l'accoglienza를 강조하는 동양의 모델을 따라야 한다.108) 자기 생명을 버리는 자리로의 초대가 복음서 메시지의 핵심이다. "제 목숨을 살리려는 사람은 잃을 것이다."막 8:35 우리 모두를 각자의 상자에 유폐시키는 생활을 피하는 시대는 분명 타자우리의 일부분에 대한 개방성, 타자 없이 우리 자신을 알 수 없다는 깨달음으로 우리를 호출한다. 파니카르의 멋진 은유를 따라, 우리는 문화들과 종교들을 무지개 빛깔로 해석할 수 있다. 이 무지개 빛깔은 각 문화와 종교의 차이들보다 상보성을 강조하면서 함께 백색 빛을 이룬다.109)

문화들 간의 대화에서 기본 단계는 비폭력으로 갈등들을 조율하는 법을 배우는 일이다. 비단 서구 문명만의 문제는 아니지만, 서구 문명은 여전히 적을 절대 악으로 간주하고 평화에 이르기 위해 적에게 반드시 승리해야 한다는 이념에 갇혀 있다. 갈등이 터지면, 사람들은 적과 대화를 시작하는 대신 그를 짓밟는 방식으로 대책을 마련하거나 힘에 의존하려 한다. 반복하면 입만 아프겠지만, 우리는 지난 6,000년의 역사를 통해 다음 사실을 체험했다. 전쟁은 어떠한 갈등도 해결하지 못한다. 오히려 전쟁은 그 다음에 이어질 비극을 예비할 뿐이다. 갈등의 지점들을 포용할 수 있는 초월의 단계를 제거한 이분법적 인간론은 부적합하다. 물론 이러한 부적합을 이유로 문화의 무의식 속에 깊이 박힌 원형을 제거하는 것도 쉬운 일은 아니다. 갈등과 대립 관계에 있는 양측을 통제, 제어하지 않고 '보다 높은' 차원의 것을 지향하는 수축 활동만이 갈등 해소를 진척시킬 수 있을 실질적인 방법일 것이다. 정치 지평에서, 이러한 시각을 채택한 최근의 유일한 경험은 아마도 남아프리카공화국의 '진실과 화해 위원회'일 것이다. 위원회는 압제자들에게 자기 범죄를 고백하게 하고 희생자들에게 용서를 구하도록 했다. 그 목적은 이 압제자들을 사회의 일원으로 다시 통합시키기 위해서였다.

그러나 "정당 전쟁"과 폭력의 숭배가 새로운 밀레니엄 초반에 전개된 문화의 전경을 지배한다. 전쟁과 폭력에 대한 숭상은 인류의 미래를 위한 선한 길을 약속하지 않는다. 도리어 온 지구에 불평등과 사회적 불의를 강화하는 끔찍한 상황을 은폐하는 데 관여할 뿐이다.

정치 행동

이 책을 끝까지 읽은 독자는 지배 문화의 변혁을 위한 정치 행동을 직접 언급하지 않았다는 이유로, 우리에게 반론을 제기할 수도 있다. 내 판단의 오류 문제도 아니고, 정치에 대한 불신 때문에 의도적으로 누락한 것도 아니다. 우리는 정치의 존엄성, 본질적 역할을 확신한다. 오늘날 인류의 약 80%는 정치 체제에서 배제된 것처럼 보인다. 정치는 선택이 아니라 벌거벗은 생명nuda vita에 대한 옹호이다. 가난한 사람들의 생사여탈권을 결정해야 할 곳이 바로 정치이다. 정치는 그 행동반경을 인간다운 삶의 전 영역으로 확대하고 근시안적 행동으로 삶의 영역을 파괴할 위험이 다분한 다국적 기업의 폭정에서 우리를 해방하는 유일한 길이다.110)

우리가 "정치"라는 용어를 채택할 때, 지배 경제 체제를 변혁하는 행동은 흔히 생각하는 것보다 더 광범위하고 다양하다. 필자는 이러한 확신에 의거해 본 용어를 신중하게 사용할 것이다. 대변혁의 핵심은 인간의 인간다움의 성장이며, 그 과제는 정당, 기획, 전략, 조직체의 도움 없이 실현되지 않는다. 이 요소들은 정치 행동에 반드시 필요한 도구들이다. 세계를 다른 방식으로 상상하고, 자기 일상을 출발점 삼아 기존 현실을 변혁하려는 시도는 모두에게 필요한 기획이다. 이 기획은 특출한 능력을 요구하지 않고, 다양한 방식들을 택할 수 있다. 그것은 우리의 실제 힘을 실행할 수 있는 곳에서 출발한다. 행동은 다원적이며, 새로운 시각과 인간을 위한 진정한 열정을 겸비한 수많은 사람들과 집단들에 달렸다. 이들은 끈기 있게 다양한 사회 조직을 창조한다.

진정한 문화 혁명을 건설하는 이러한 사회 운동이 없다면, 정치 행동은 과거의 전철을 밟고, 과거와 동일한 수단을 택하며, 실제적인 체제 변혁 대신 몇 가지 사안만 조정하다 흐지부지 되고 말 것이다.

'정치는 결코 어떠한 것도 바꾸지 못하는 순진한 행동이다.' 사실 우리는 이 말을 거듭 확인한다. 그러나 한 층 깊은 인간론에서 자기 뿌리를 재발견할 때, 그리고 우리 자신을 다른 세계관에 정초할 때, 정치는 인간답게 살아가는 공생협력 사회의 구축이라는 대체 불가한 자기 본연의 역할을 회복할 수 있을 것이다. 따라서 시건방지게 변화의 유일한 요소를 자처하지만 않는다면, 정치는 시민 사회에서 만개할 대중들—우선권을 지닌—에게 완성도 높은 시각과 방향성을 부여할 수 있을 것이다. 물론 이론과 '실천' 사이의 상호 관계를 저평가하지 말아야 하지만, 정치 행동의 조건은 그것의 결과보다 '관점의 변화'이다. 그러나 필자는 오해를 불식시키고 싶다. 흔히 세계관을 이야기할 때, 사람들은 그 자체로 닫힌 체계를 떠올리거나 다른 곳에서 가져 온 기준들을 정치에 적용하는 것을 염두에 둔다. 그와 유사한 접근법은 우리를 즉시 이데올로기 재구성 작업으로 이끌 것이다. 거꾸로, 필자는 정치 내부에 활기를 부여하고 인간다운 삶의 방향과 직결되는 영감이 필요하다는 점을 강조하고 싶다. 단어 자체가 웅변하듯, "영감靈感"이란 언제나 열린 운동이며, 쉼 없이 복구되는 숨결이자 정착과 휴식을 허용할 수 없는 호흡이다.

'마음껏 소비하라'는 세이렌111)에 매료되지 않는 이들과 기존 질서의 관리경영에 굴복하지 않는 이들은 거대한 문화 구축 작업과 대면한다. 코르넬리우스 카스토리아디스Cornelius Castoriadis는 이를 다음과 같이 정의한다.

> 우리에게 요청되는 것은 과거와 유사성 없는 새 창조, 뭔가 중요한 것을 새롭게 상상할 수 있는 창조, 생산과 소비의 성장과 전혀 다른 의미들로 인생의 중심을 채울 수 있는 창조, 사람들이 고통을 유가치한 것으로 인정할 수 있으며 삶의 다양한 목표들을 제시할 수 있는 창조이다. 그것은 우리가 직면해야 할 거대한 난관이다. 우리는 경제 가치가 중심 가치 혹은 유일한 가치가 되지 않는 사회, 경제가 최종 목적이 아니라 인간다운 삶을 위해 필요한 수단에 불과한 사회를 갈망해야 한다. 이 사회에서 우리는 언제나 소비의 성장을 외치며 내 달리는 이 미친 질주를 규탄한다. 이러한 규탄은 지구 환경

의 궁극적 파괴를 벗어나기 위해서 필요하며, 현대인의 신체와 정신의 빈사상태를 이탈하기 위해서도 반드시 필요하다.112)

우리는 1930년대 케인즈의 『우리 아이들을 위한 경제관』에서 유사한 시각을 발견한다.

자본 축적이 사회의 중요성을 상실했을 때, 우리는 지난 100년 동안 유지한 가짜 도덕의 원칙들, 즉 가장 저질적인 특징들 중 몇 가지를 최고 수준의 미덕으로 끌어 올렸던 무수한 가짜 도덕의 원칙들에서 해방될 수 있었다. … 다시 한 번 우리는 구두쇠처럼 인색한 모습은 악덕이며, 돈에 환장한 모습은 가증스럽다고 말할 수 있을 것이다.113)

자본의 이러한 사회적 중요성의 붕괴는 정치의 본래 목소리를 회복하기 위한 필수 조건이다. 동시에 오늘날 공동체 차원에서 인간다운 삶을 구성하는 기술은 세계 차원으로 확장된다. 우리에게는 그러한 정치가 필요하다. 마치 숨을 쉴 수 있는 공기와 같은 정치 말이다. 왜냐하면 우리는 '국제민주주의' 창조 문제와 씨름해야 할 의무를 부여 받은 역사의 첫 세대이기 때문이다. "또 다른 세계를 보기 위해 전혀 다른 세계를 만들어야 할 만큼 세계는 늙었다." 시인 페드로 카살달리가Pedro Casaldáliga는 이렇게 읊었다. 그의 표현처럼, 우리를 기다리는 [국제민주주의] 창조 작업은 전대미문의 작업이자 매우 근본적인 작업이 될 것이다.

1) F. 카프라는 다음과 같이 말한다. "비전문가들이 현대 경제학의 추상적
이고 전문적인 용어를 이해하기는 쉽지 않다. 그러나 오늘날 경제학의
주된 오류들이 급속도로, 선명하게 드러나는 점은 이론의 여지없이 명
백한 현상이다." Capra, F. *Il punto di svolta, Feltrinelli*, Milano 1984, p. 176.

2) [역주] 기술 전체주의 문제를 핵심 문제로 제기한 대표자로 프랑스의 사
상가 자크 엘륄(Jacques Ellul)이 있다. 저자 로시와 공동 학회 발표자로 활
동하기도 했고, 프랑스의 탈성장(*la décroissance*) 운동을 이끄는 세르주
라투슈(Serge Latouche)의 경우도 엘륄의 '기술 전체주의'(*le totalitarisme
technicien*) 문제를 중요한 문제로 수용한다. 로시는 이러한 기술 전체주
의의 현실 문제를 인정하면서도 경제적 비참과 극단적 비대칭이라는 현
실 문제의 중요성을 역설한다.

3) George S. *Lo sviluppo è finito, in Aa. Vv. Come sopravvivere allo sviluppo*, l' altra-
pagina, Città di Castello 1997, pp. 40~42.

4) Veltroni W. *Anche Dio é malato, Rizzoli*, Milano 2000, p. 127.

5) 이러한 경향의 대표 주자로 마이클 노박(Michael Novak)이 있다. 그는 자
본주의에 대한 선명한 신학화 작업, 라틴아메리카 해방신학에 대한 미
국 정계 보수파의 대응에 영향을 받은 내용을 신학으로 정립하는 데 선
봉에 선 학자이다.

6) N.d.T. '엔코멘데로' (식민지 원주민의 강제노동 체제인 '엔코미엔다'
를 책임지는 정복자)에게는 원주민에게 일을 시킬 수 있는 권한이 있었
다. 원주민 보호와 선교를 교환 수단으로 제시하고 이들의 노동력을 착
취한 셈이다.

7) Dussel E. *Il dio del sistema, in Aa. Vv. Economia come teologia?*, l'altrapagina,
Città di Castello 1999, p. 17.

8) Assmann H., Hinkelammert F.J. *Idolatria del mercato*, Cittadella, Assisi 1993, p.
47.

9) 필자는 우고 아스만(Hugo Assmann)과 프란츠 힌켈라메르트(Franz Hin-
kelammert), 후안 루이스 세군도(Juan Luis Segundo)의 저작을 참고한다. 유
럽에서는 아렌트 테오도르 판 레이우언(Arend Theodoor van Leeuwen)의
공헌이 두드러진다. 그는 네덜란드 네이메헌대학교에서 경제신학 분과
를 창설한 인물이다.

10) [역주] 이 글이 1990년대 후반의 보고서 자료를 참고한다는 점을 감안
하기 바란다. 중국의 경제 급부상 및 국제사회 영향력 강화 등은 아직 반
영되지 않았다. 그렇다고 기존의 경제 독점 현상이 상대화되었다고 보
기 어렵다. 오히려 새로운 괴물이 추가되었을 뿐이다. 다만, 남반구 대부
분 국가들의 형편은 별로 달라지지 않았다. 오히려 부의 양극화는 더욱
심해지는 추세이다.

11) [역주] 2016년 통계에 따르면, 아프리카 대륙의 총인구는 12억 1천 6백
만 명이다.

12) George S. *Lo sviluppo é finito*, cit., pp. 43~44.

13) Iguñiz J. *Il fascino discreto del neoliberismo, in Aa. Vv. Alternative al neoliberis-
mo, l'altrapagina,* Città di Castello 1998, pp. 48~58.

14) Rivas R. A., *Paradossi e contraddizioni dell'economia*, in *Con gli occhi del Sud*,
l'altrapagina, Città di Castello 1996, pp. 9~25.

15) George S. *Effetto boomerang, in Aa. Vv. Un'economia che uccide, l'altrapagnia*,
Città di Castello 1997, p. 25.

16) Latouche S. *Il mondo ridotto a mercato*, Edizioni Lavoro, Roma 1998, pp. 49~83.

17) Rivas R. A. *Paradossi e contraddizioni dell'economia, in Con gli occhi del Sud*, l'altrapagina, Città di Castello 1996, p. 21.

18) *Ibidem*, p. 21.

19) George S. *Il rapporto Lugano, La sopravvivenza del capitalismo nel XXI secolo*, Asterios, Trieste 2000, p. 189.

20) Amoroso B. *L'apartheid globale, Edizioni Lavoro*, Roma 1999, p. 24.

21) Rivas R. A. *Paradossi e contraddizioni dell'economia*, cit., p. 28.

22) *Ibidem*, pp. 3941.

23) [역주] 저개발과 빈곤에 시달리는 아프리카―라틴아메리카―아시아 대륙의 국가들을 뜻한다.

24) Rivas R. A. *Paradossi e contraddizione dell'economica*, cit., pp. 29~32.

25) Bellet M. *L'economia in un vicolo cieco*, in Aa. Vv. *Il delirio dell'economia*, l'altrapagina, Città di Castello 1995, p. 6.

26) [역주] 이탈리아어로 신은 '디오'(Dio)이다.

27) Cfr. Bellet M. *La seconde humanité*, Desclée de Brouwer, Paris 1993.

28) [역주] 라이문도 파니카르(Raimundo Panikkar, 1918−2010)는 바르셀로나에서 태어났고, 스페인과 인도 국적을 가진 철학자, 신학자, 종교학자이다. 불교 사상에 정통한 학자로, 기독교와 불교의 종교간 대화에 주력했고, 생태학과 정치 분야에까지 폭넓은 사유를 전개했다.

29) 이 문제에 관해 포괄적으로 문제를 제기한 파니카르의 책을 보라. Panikkar R. *Mito, Fede, Ermeneutica*, cit.

30) Iguñiz, J. *Deuta externa in America Latina*, CEP, Lima 1994.

31) George S. Sabelli F. *Crediti senza frontiere*, cit., p. 262.

32) George S. *Lo sviluppo é finito*, in Aa. Vv. *Come sopravvivere allo sviluppo*. cit., p. 47.

33) 신화, 신화 서사(*mithologoumenon*), 신화소(mitema ; [역주] 신화를 구성하는 기본 분절 단위)를 구분한 연구서로 파니카르의 책을 참고하라. Panikkar R. *Mito, fede, ermeneutica*, cit., pp. 18~185.

34) Cfr. Bellet M. *L'economia in un vicolo cieco*, in Aa. Vv. *Il delirio dell'economia*, cit., pp. 11~15. 이 책은 신화의 핵심 요소를 지적하기 위해 그림을 그리듯 "주인의 주인"(padrone del padrone) 개념을 이야기한다.

35) Amoroso B. *L'apartheid globale*, cit., pp. 132~141.

36) Aa. Vv. *Pace e disarmo culturale, l'altrapagina*, Città di Castello 1987.

37) Panikkar R. *Economista e senso della vita*, in Aa. Vv. *Come sopravvivere allo sviluppo*, cit., pp. 20~21.

38) Amoroso B. *L' apartheid globale*, cit., p. 161.

39) Sobrino J. *Riflessioni a proposito del terremoto del 13 gennaio 2001*, in *Concilium 2* (2001), p. 150.

40) *Ibidem*, p. 121.

41) Panikkar R. *La torre di Babele*, ECP, Firenze 1990.

42) Kierkegaard S. *La malattia mortale*, Sansoni, Firenze 1965, pp. 240~242.

43) Crepet P. *Non siamo capaci di ascoltarli*, Einaudi, Torino 2001.

44) Panikkar R. *La torre di Babele*, cit., pp. 102~103.

45) Acquaviva S. *In principio era il corpo, Borla*, Roma 1976.

46) Sulivan J. *Verità selvaggia*, Gribaudi, Torino 1975, p. 51.

47) Platone, *Convito*, 203 D, 204 A.

48) Gehlen A. *Der Mensch*, Berlino 1940.

49) Rahner K. *Corso fondamentale sulla fede*, Edizioni Paoline, Alba 1977, p. 76.

50) Panikkar R. *La fine della storia: la triplice struttura della coscienza umana del tempo,* in *Quaderni di psicoterapia infantile 10,* 1984, p. 62.

51) Panikkar R. *Per una lettura transculturale del simbolo,* in *Quaderni di psicoterapia infantile 5,* 1981, pp. 53~123.

52) Tonucci F. *La solitudine del bambino,* La Nuova Italia, Firenze 1996.

53) George S. *Lo sviluoop é finito,* in Aa. Vv. *Come sopravvivere allo sviluppo,* cit., p. 49~50.

54) Panikkar R. art. cit., in *Quaderni di Psicoterapia infantille 10,* 1984, p. 64

55) Cioran E.M. *Ecartèlement,* Gallimard, Paris 1979, p. 42.

56) Panikkar R. art. cit., in *Quaderni di psicoterapia infantile 10,* 1984, pp. 75~91.

57) Barcellona P. *Individuo e comunità ,* Edizioni Lavoro, Roma 2000, pp. 9~28.

58) *Ibidem,* pp. 19~20.

59) Rossi A. *Pluralismo e armonia,* cit., pp. 48~54.

60) Bellet M. *La seconde humanité,* DDB, Paris 1993, pp. 76~89.

61) Panikkar R. *Economia e senso della vita,* in Aa. Vv. *Come sopravvivere allo sviluppo,* cit., p. 35.

62) *Ibidem.* p. 23.

63) Chiavacci E. *Lezioni brevi di etica sociale,* Cittadella, Assisi 1999, pp. 112~122.

64) Luttwak E. M. *La dittatura del capitalismo,* Mondadori, Milano 1999, pp. 14~15.

65) Bellet M. in Aa. Vv. *Il delirio dell'economia, l'altrapagnia,* Citt di Castello 1995, pp. 3~43.

66) Bellet M. *Le Dieu pervers,* Ddb, Paris 1978.

67) Frassinetti C. E *la finanza sconfisse la politica*, l'altrapagina 8, 1997, pp. 18~19.

68) Ancochea Soto G. *Economia oppio dei popoli*, in Aa. Vv. *Alternative al neoliberismo*, l'altrapagina, Città di Castello 1998, pp. 95~96.

69) Rampini F. *La sociologa che si fece povera*, *La Repubblica*, 5/6/2001, p. 1.

70) "물리 세계가 운동 법칙들에 지배를 받는 것처럼, 정신세계는 이자 법칙에 영향을 받는다"(Helvetius), in *Idolatria del mercato*, cit., p. 141. "그러나 이 세계에서 우리가 악하다고 지적한 대상은 사회의 창조물, 건실한 토대, 삶, 예외 없이 상업과 일자리의 지지대를 만드는 토대, 즉 제일 원칙이다"(Mandeville), in *Idolatria del mercato*, cit., p. 140.

71) Vico G. B. *La scienza nuova* (cit. in Hirshman, *Le passioni e gli interessi*), Feltrinelli, 1979.

72) Petrella R. *La teologia del mercato*, in Aa. Vv. *Economia come teologia?*, cit., pp. 92~94.

73) Hayek. 다음 책에서 재인용: Assmann H., Hinkelammert F. J. *Idolatria del mercato*, cit., p. 156.

74) [역주] 시장 자체가 자연스럽고, 필수라는 의미이다.

75) Rivas R. A. *I fasti libero mercato*, in Aa. Vv. *Come sopravvivere allo sviluppo*, cit., pp. 83~84.

76) Assmann H., Hinkelammert F. J. *Idolatria del mercato*, cit, p. 299.

77) Cfr. 엔리케 두셀의 탁월한 주장에서 확인할 수 있다. Dussel E. *Il dio del sistema*, Aa. Vv. *Economia come teologia?*, cit., pp. 41~46.

78) Polanyi K. *La grande transformazione*, Einaudi, Torino 1974.

79) Dussel E. *Il dio del sistema*, in Aa. Vv. *Economia come teologia?*, cit., p. 47.

80) Bellet M. *La quatrième hypothèse*, DDB, Paris 2001, pp. 55~81.

81) 고린도전서 13장 8절.

82) 요한일서 4장 7-8절.

83) Petrella R. *L'éducation victime de cinq piège*, Edition Fides, Montréal 2000.

84) Ancochea G. *Economia oppio dei popoli*, in Aa. Vv. *Alternative al neoliberismo*, cit., p. 103.

85) 세계무역기구에 대한 광범위한 문제 제기가 바로 이 부분에 있다는 점을 잊지 말아야 한다. Cfr. George S. *Remettre l'OMC à sa place*, Mille et une nuite, Paris 2001.

86) George S. Sabelli F. Crediti senza frontiere, cit, p. 104.

87) Bellet M. *Le sauvage indigné*, DDB, 1998, p. 91.

88) Amoroso B. *Progresso a colpi di cannone*, in Aa. Vv., *Derive e destino dell'Europa*, cit., p. 90.

89) *Bellet M.*, op. cit., p. 88.

90) *Bellet M*, op. cit., p. 81.

91) Panikkar R., *Esperienza di Dio*, Querinana, Brescia 1998, pp. 38~48.

92) Vergote A., *Liberare Dio, liberare l'uomo*, Cittadella, Assisi 1977.

93) Amoroso B., op. cit., pp. 89~90.

94) Amoroso B., *Europa e Mediterraneo*, Dedalo, Bari, 2000.

95) Amoroso B. *Progresso a colpi di cannone*, in Aa. Vv. *Derive e destino dell'Europa*, cit., p. 91.

96) Bellet M. op. cit., p. 92.

97) 이것이 파니카르의 우주론적 직관이다. Cfr. Rossi A., *Pluralismo e armonia*, cit, pp. 113~167.

98) Kierkegaard S. *La malattia mortale*, cit.

99) Cfr. La trilogia di Panikkar, *La nouva innocenza*, Servitium Editrice, Bergamo 1996.

100) 문화와 종교의 상호 번식력은 파니카르의 광범위한 저작에서 생산된 주제들 가운데 하나이다. 다음 자료를 참고하라. Panikkar R. *L' incontro indispensabile: dialogo delle religioni*, Jaka Book, Milano 2001.

101) Panikkar R. *Il mito del pluralismo: la torre di Babele*, EPC, Firenze, pp. 143~160.

102) Barcellona P. *La colonizzazione dell'immaginario*, l'alterpagina 11/2000, p. 20.

103) Amoroso B. *L'apartheid globale*, cit., pp. 35~38.

104) Dussel E. *Il dio del sistema*, in Aa. Vv. *Economia come teologia*, cit., pp. 42~43.

105) Teo B. *Le religioni orientali e il mercato*, in Concilium 2, 1997, p. 109.

106) Rossi A. *Pluralismo e armonia*, cit., pp. 30~34 e 75~84.

107) Panikkar R. *L'incontro indispensabile: dialogo delle religioni*, cit., p. 21.

108) Wilfred F. *L'arte di negoziare i confini*, in Concilium 2, 1999, pp. 15~23.

109) Panikkar R. *Il dialogo intrareligioso*, Cittadella, Assisi 1989, pp. 46~48.

110) George S. *Il rapporto Lugano, La salvaguardia del capitalismo nel ventunesimo secolo*, Asterios, Trieste 2000.

111) [역주] 그리스 신화에 등장하는 반인반어(半人半漁)의 요정으로 아름다운 목소리로 사공들을 홀려 난파시킨다. 오늘날 경보음에 해당하는 '사이렌'을 뜻하기도 한다.

112) Castoriadis C. *La montée de l'insignifiance*. Les carrefours du labyrinthe IV, Paris 1996, p. 96.

113) Keynes J. M. *Esortazioni e profezie*, il Saggiatore, Milano 1968, pp. 281~283.

옮긴이 글

들어가며

언제부터인가 우리는 경제 활동에 응당 실업자가 필요하다고 생각하기 시작했고, 완전 고용은 마치 신화나 이상 세계를 표하는 꿈 정도로 취급하는 세상에 살게 되었다. 태어나보니 그랬고, "현실"이라는 공간에서 치열하게 부딪히다 보니 인정하게 되었고, 가끔혹은 매 순간 욕설과 분노를 품고 전복을 꿈꾸지만 이내 불가능하다는 체념에 굴복하기 일쑤였다.

집권자들은 너도나도 "대안은 없다"There is no alternative라는 강령에 충실하며, "다른 세상은 가능하다"Another possible world라는 구호에 응하지 않는다. 후자는 관련 운동가들과 지식인들의 담론이 되었을 뿐, 현실 정치경제는 "다른 세상" 기획에 섣불리 발을 담그지 않는다. 계산과 합리성에 준하는 사고방식은 경제 체제에 대한 우리의 상상계想像界마저 식민지로 삼지 않았는지 의문이다. 수 억, 수십 억 자산 확보에 대한 상상은 활발하다 못해 포화상태에 다다랐으면서, 인간 생명의 기본 조건의 불평등을 제거하는 일에 관한 상상은 귀찮음과 망상이 되는가? 어느 때보다 다른 세계를 구상, 기획하는 능력, 즉 '상상계의 탈식민화'가 필요하다.

세계의 단면: 경제 불평등 및 격차 심화

『커피밭 사람들』1)이라는 제목의 기행문이 있다. 코스타리카의 커피 농장에서 맺었던 노동자들과의 관계를 담담하게 풀어낸 이 책은 커피 낱알에 담긴 세계의 한 가지 현실을 유한 어조로 적나라하게 폭로한다. 바로 경제 불평등이다. 커피는 생산지와 소비지가 확연히 구별되는 상품으로, 석유에 이어 원거리 이동이 세계에서 두 번째로 많다. 거리 이동이 크다보니 그만큼 생산지와 소비지의 가격차도 크다. 1파운드 원두로 최소 70~80잔 정도의 커피를 만들어 낼 수 있다면, 최종 소비양태인 커피 한 잔 가격과 그에 상응하는 커피양의 생산지 가격은 최대 400배 차이가 발생한다.2) 그리고 로스팅, 분쇄, 유통과정에서 축적된 부가가치가 전체의 90%를 차지하는 관계로, 커피가 소비되는 곳에서는 어떤 형태로든 부를 축적하지만, 정작 커피 생산지에서는 빈곤이 누적된다.3) 커피 농장에서도 이웃 국가에서 몰려드는 저임금 노동자들로 인해, 기존 노동자들은 밀리고 밀려 다른 고임금 국가로 이주, 밀입국하는 경우가 생긴다. 그 과정에서 가족이 해체되기도 하고, 가족 부양 포기로, 남은 가족의 사회 주변화 현상이 증가하는 악순환이 발생하기도 한다. 마약과 매춘의 확장은 이와 무관하지 않다.4)

겉으로 보면 세계는 다양성과 다원성, 각자의 권리와 소수자의 권리 등을 이야기하는 세계로 보인다. 그러나 그 이면은 빈부 격차의 심화, 계급고착화 현상, 남반구와 북반부의 상쇄 불가능한 간극, 생태계 파국의 문제 등으로 무르고 곪아터졌다. 그리고 이 문제는 별개의 문제가 아니라 서로 복잡하게 얽히고설켜 나타난다. 오늘날 세계는 다원성이 아닌 집단 취약성이라는 또 하나의 보편성 굴레에 빠졌다. 그 가운데 경제 문제는 여전히 인간의 삶을 좌지우지하는 굳건한 기둥이다. 인간은 먹고, 거주하고, 입고, 자는 존재이기 때문이다. 육체의 기본 문제가 해결되지 않은 상태에서 아무리 정신의 가치, 영험한 가치, 눈물 쏙 빠지게 감동적인 대의명분, 정치 이상을 떠든들 공허한 울림에 불과하다. 무엇보다 '생존'이고, 그리고 '삶'이다. 넋 빠진 권력이 민중의 고혈을 빨아먹는 사회가 있는 반면, 어떤 사회는 압도적인 풍요를 누린다.5) 불편한 이야기일 수 있지만, 이것이 아직도 세계의 현실임을 부정할 수 없다.

기술 만능주의자들이나 그 지지자들은 기술 개발로 빈부 격차를 해소하고 인간의 궁극적 완성을 이룰 수 있다고 낙관하지만, 기술이 '과학–국가–산업'6)이라는 세속계의 성 삼위일체에 근거해 작동한다는 관점에서 보면, 결국 국력과 산업경제력의 격차가 그대로 기술력의 빈익빈부익부로 이어질 것이고, 후진국과 빈곤국의 자괴감만 심화될 것이다. 첨단 기술의 확장, 자원 및 생필품 낭비를 그칠 줄 모르는 서구 및 선진 세계와 기본 물품에 대한 접근로 자체가 차단된

제3세계 사이의 간극이 더 벌어진다면, 제3세계의 좌절감은 폭력으로 표출될 수 있다. 즉, 선진국의 무제한 기술 발전이 그만한 값을 치러야 하는 상황으로 뒤바뀔 수 있다.[7]

덧붙여, 기후 변화로 발생하는 식량 자급의 문제는 앞으로 인류에게 크나큰 도전이 될 가능성이 높다. 기술 신봉자들은 새로운 기술 발전으로 생산량을 보충할 수 있다는 진보 이데올로기에 묻혀 나름의 대안을 구상 하겠지만, 기술 발전은 그만큼 새로운 문제들을 양산한다는 '양면성'을 고려한다면[8] 그렇게 낙관적으로만 볼 상황이 아니다. 과연 급격한 기후 변화의 문제를 첨단 기술로 막아낼 수 있을지 예측도 불가능하며, 변화 속도를 기술이 따라 잡을 수 있을지도 알 수 없다. 또한 그러한 기술이 특정 국가의 시민들에게 돌아갈지 전 인류에게 돌아갈지도 미지수이다. 다만, 인간 생존의 가장 기본이 되는 식량이 타인의 목숨 줄을 쥐고 흔들 수 있는 '무기'가 되고, '약탈' 대상이 될 수 있다는 점이 더 가까운 현실이 될 수 있다.

경제 문제: 인간학의 문제

본서의 저자 아킬레 로시는 대학에서 경제학을 전문으로 연구하는 학자가 아니다. 그는 이탈리아 중부의 소도시에서 공생공락共生共樂의 생활공동체 구현을 과제 삼아 활동하는 철학자이자 신학자이다. 그러나 그의 화두는 인간의 근본 문제인 '먹고 사는' 문제이다. 즉, 경제 문제가 그의 주요 연구 분야이다. 로시는 인간의 근본 문제라 할 수 있을 '경제' 문제를 단순히 경제 '학'의 문제로만 볼 수 없다고 단언한다. 경제 문제는 세계 곳곳에 터를 잡고 살아가는 민중의 살과 피의 문제이며, 인간이 인간답게 살 수 있느냐 마느냐의 문제이기 때문이다. 객관성을 표방하는 수치와 통계의 배후에는 민중들의 결핍이라는 생활세계의 현실이 꿈틀댄다. 다시 말해, 저자에게 경제 문제는 철학에서 접근하든 신학에서 접근하든, 여하튼 "인간학"의 문제이다. 저자가 첫 장부터 인간학의 재 진술 문제를 다루는 이유를 확인할 수 있는 대목이다. 추상 차원에서 논하는 인간학은 우리에게 아무런 의미를 생산하지 못한다.

그렇다면, 현실 경제는 과연 인간다운 삶을 보장하는가?

불평등한 인간의 상황을 조율하고 균형을 잡는데 경제는 어떻게 작동하는가? 저자는 경제 상황의 악화일로가 더욱 선명해졌다고 일갈한다. 소수가 경제 지분을 독점하는 구조는 결국 상층과 하층의 격차 심화를 가중시킬 것이라 예단한다. 그리고 이러한 경제 문제의 바탕에는 "시장"에 대한 신화가 작동한다는 점을 지적한다.

시장 만능을 넘어서 시장 절대주의를 견인한 오늘날의 세계화는 기존의 개념들과 정치 지형을 급격하게 바꿨다. 국가보다 더 위세 등등한 공룡 기업들다국적 기업이 출현했고, 이들이 엮는 질서는 지구 차원의 대제국 건설에 일조했다. 기존의 좌·우파 개념도 희미해진다. 정치의 자율성은 점차 부실해지고, 정치도 경제의 후원과 재가를 받아야 하는 상황은 더 견고해졌다. 급기야 이러한 현상은 우리의 정신영까지 통제하려 든다. 저자 로시는 "신화"라는 명사로 이러한 의식 문제를 거론한다. 즉 경제에 관한 우리의 의식구조는 사실상 신화들에 사로잡혔다고 해도 과언이 아닌 셈이다. 세계화, 신자유주의, 경제 금융화, 다국적 시장, 성장 이데올로기로 대변될 이 신화들이 현대인의 사고방식과 행동 양식의 결정권자로 군림하게 되었다. 그리고 이들이 조직한 세계에서 나머지 사람들은 원래 그렇게 살아야 하는 것처럼 맹목적으로 살아간다. 로시는 이것이 바로 우리 안에서 작동하는 비가시적 "신화"라고 일갈한다.

영적 자본주의

발터 벤야민은 단편 『종교로서의 자본주의』 1921에서 자본주의를 교리도 없고 신학도 없이 영원히 예배만 드리는 종교, 오직 영원한 예배만 필요한 종교로 규정한다. 이 예배는 특정일에만 드리는 예배가 아니다. 휴일 없이, 매일매일 축제이다.[9] 휴일도 없고 매일 축제인 종교, 즉 언제나 활동 상태에 있어야 생존 가능한 종교라는 이야기이다. 이 활동 상태는 과연 무엇인가? 바로 '소비'이다.

이 종교의 적은 '멈춤'과 '축소'이다. 자본주의를 움직이는 큰 동력은 '확대와 재생산'이다. 다시 말해, 노동을 통해 생산한 물품의 숫자생산량를 확대하고, 그만큼 소비자에게 판매해서 나온 이익을 다른 곳에 재투자하면서 영역을 넓혀 간다. 문제는 이 확대재생산 구조를 작동시키는 요소 중에 소비자의 "욕망"이 있다는 사실이다. 비근한 예로, 정치인의 해외 순방에 왜 옷차림이나 핸드백 상표 및 가격 등을 공중파 방송에서 보도하는가? 유명인의 의류나 악세사리가 여과 없이 홍보와 선전이 될 때, 기업은 소비자의 어떤 점을 겨냥하는가? 이 질문에 대해, 라틴아메리카 해방신학자인 성정모는 "모방 욕망"이라 답한다. 그는 르네 지라르의 "모방 욕망" 개념을 경제 문제에 응용해, 자본주의의 확대재생산 구조의 작동 방식을 설명한다. 생산량의 증가로 물품 소비가 증가하는 방향이 아닌, 소비자의 "욕망"이 생산량 증가를 유인한다는 생각이다. 그리고 이러한 "욕망"은 대개 "모방 욕망"이다. 즉, 자신의 필요에 따른 소비가 아닌 타인을 모방하는 욕망에 따른 소비, 따지고 보면 불필요한 소비, 그러나 앞 다퉈 경쟁하듯 이뤄지는 소비이다.[10]

　이런 시각에서 볼 때, 우리의 경제 활동은 물적 차원과 영적 차원이 복합적으로 얽힌 활동이다. 그리고 경제의 영적 차원, 즉 영적 자본주의는 우리의 신념과 신앙이 되었다. 이면지와 물적 재질이 동일한 지폐를 이면지 찢듯 찢지 못하는 이유는 무엇인가? 재질은 같은 종이에 불과한데 말이다.

거기에는 어떤 '가치'가 개입되었기 때문이다. 그리고 비가시적이고 비물질적인 이 가치에 포섭된 현대인의 세련된 의식은 함부로 지폐를 찢는 몰상식하고 비이성적인(?) 짓 따위를 하지 않는다. 우리는 이 가치의 등락이 우리 삶의 만족도를 오르락내리락하게 하는 결정 요소라는 사실을 익히 안다. 두둑한 지갑, 쫙 편 어깨 말이다. 그리고 그것은 우리의 욕망을 지속적으로 자극하며, 그 욕망은 자신의 문턱을 늘 넘어서려 한다. 그리고 많은 경우, 이 욕망은 소비와 소유의 한계치를 초과하는 무한대를 지향한다. 결여된 욕망의 공간을 메우기 위해 우리는 끝없이 이 종교가 펼쳐 놓은 예배당을 들락거린다. 텔레비전 광고에는 이른 바 '지름신'과 '대출신'의 강림과 임재를 호소하는 전도사들과 목사들이 말쑥한 차림과 해맑은 웃음으로 기존 신도들을 세뇌하고, 미래 신도들을 유혹한다. "너도 그와 같이 되리라"(창세기 3장)는 뱀의 귓속말이 현대 사회 곳곳에서 재현되는 중이다. 본서의 저자 로시도 후 세대의 평가를 미리 상상해 보며, 현대인의 이러한 소비 중독 현상을 매섭게 질타한다. 20세기와 21세기 초반을 살았던 선조들은 사람을 물품으로 취급하는 일을 정당화하는 경제 체제의 추락을 눈 뜨고도 보지 못하는 맹인들이었다고 말이다.

생명에 대한 새로운 시각과 생활양식의 대전환

저자 로시는 경제 문제를 잠식한 오늘의 현실을 타개할 수 있는 몇 가지 출구를 구상한다. 그는 제도 변혁과 거리 투쟁을 쉽게 운운하지 않는다. 그보다 더 일상 차원, 생활 공동체 차원에 먼저 주목한다. 제도의 변혁과 짝패가 되어야 하는 부분이 바로 생활양식의 대변혁이기 때문이다. 그리고 이러한 변화의 기저에는 생명에 대한 가치를 재규정해야 하는 문제가 있다. 간단히 말해, 자본보다 생명이다. 이러한 가치의 전환은 우리의 일상을 되돌아보도록 한다. 저자는 경제 우상의 시대에 사장된 사랑, 정의, 연대와 같은 추상가치들을 다시 호출한다. 파편과 부속품으로 바뀌는 인간은 사실 입체와 다양성, 우발성과 가변성, 역동성과 활동성, 지성과 영성을 두루 갖춘 인격체라는 사실을 간과할 수 없기 때문이다.

또한 물질문명에 잠식된 서구 사회가 정신적/영적 차원을 되살려야 한다고 역설한다. '압도적인 물질의 풍요를 누리는 세계이지만, 정신 가치의 분야는 오히려 제3세계가 되어버렸다'는 한 사회학자의 논평을 인용한 저자는 물질의 풍요를 대변하는 "더 많이"에서 영적, 질적 풍요를 상징하는 "더 좋은"으로의 이행이 필요하다고 강조한다. 신학의 표현을 빌자면, 물질과 소비를 향한 우리의 "욕망"을 신과 이웃에 대한 "열망"으로 바꿔야 한다. 즉, 소유와 축적을 향한 갈망에서 사랑과 정의를 향한 대망으로의 의식 구조 변혁이 필요하다.

말이야 쉽지, 이러한 전환은 문자 그대로 '대전환'이나 다름없다. 풀어 말하면, 부와 풍요를 추구하는 대신 더 절제하고, 불편을 감수하고, 때로 지금보다 소박한 삶을 기쁨으로 수용하자는 말과 동의어이기 때문이다. 성장이라는 교조에 격하게 반발하는 탈성장 운동가들은 "검소한 삶에서 얻는 풍요"를 이야기한다. 저자도 이 운동에 가담한 내부 인물로서, 우리의 사고방식에 이식된 '성장'이라는 이데올로기를 과감하게 걷어낼 필요가 있음을 책 곳곳에서 밝힌다. 자본주의 사회에서 '지속 성장'을 의미하는 대표 상징이 바로 '시장'이기 때문이다. 물론, 시장 자체를 없애자는 이야기가 아니다. 절제선 없이 지나칠 정도로 시장에 목매는 우리의 소비 현실, 그러한 소비의 장으로 유도하는 과잉 광고, 중독에 가까운 소비로 인해 발생하는 대규모 폐기물, 그로 인해 병드는 우리의 환경에 관한 철저한 성찰에서 비롯된 주장이다. 경제 활동을 성장에서 탈성장으로 전환하자는 운동이 나왔을 정도로, 우리 행성의 상태는 매우 심각하다.

'총체시장 성장의 신화'에서 '자율공생 탈성장의 현실'로

탈성장은 특정 이론이나 사조에 그치지 않고, 우리의 구체적인 삶의 변혁과 생명체의 가치 동일성을 보존하려는 운동이다. 허울 좋고 설득력 있는 이론은 얼마든지 생산할 수 있겠지만, 그러한 이론에 준해 삶의 방식을 바꾸는 일은 쉽지 않다. 실천에 옮기는 일이 당면 과제라 하겠다. 사실 우리의 머리는 너무 영민한 나머지 해답을 줄줄 꿰고 있다. 그러나 우리의 손발과 엉덩이의 둔한 움직임이 그 답을 수행하는 데 너무 불충분한 것은 아닌지 되물어 본다. 그리고 우리의 일관성 없는 자기기만을 영민한 두뇌는 끝없이 합리화하지 않는지도 의문이다. 그러는 사이 너무도 망가지고 부서지지 않았는가?

세계의 자원이 유한한 데, 무한 성장이 가능하다는 말 자체가 모순이다. 또한 기술의 무한 성장이 인간을 자유롭게 할 것이라는 말 자체도 모순이다. 북반구의 소수 국가들은 지구 자원의 대부분을 독식하고, 이러한 자원 사용은 결국 부의 차이를 낳는다. 기술을 통한 자동화는 인간에게 편리한 도구들로 기능했지만, 제어 불가능한 자동화의 그 이면에는 인간을 노동 현장에서 쫓아내는 현상인간 소외을 가중시킨다. 그럼에도, 현실 정치경제는 여전히 "성장과 발전"을 중요 쟁점으로 제시한다. 독자들은 역자가 너무 비관적이고 부정적인 면만 들췄다고 지적할 수 있다. 그러나 역자는 달팽이 속도로 가더라도 이러한 양면성을 냉철하게 짚어가면서 한 걸음씩 나아가는 편이 더 현명하다고 생각한다. 경제건 기술이건, 오늘날 우리는 어떤 것도 통제할 수 없기 때문이다. 다음 파도, 그 다음 파도는 뭐가 될 지, 그리고 그 여파로 우리가 겪을 일은 무엇일지, 예측할 수 없다.

저자 로시도 지적하는 것처럼, '계산 이성'으로만 판단할 일이 아니다. 인간은 돈 계산만 하면서 사는 존재가 아니기 때문이다. 셈법과 효율성에 경도된 나머지, 우리는 인격, 사랑, 정의, 우정, 연대 등과 같은 소중한 가치를 추상적이고 비현실적인 것 취급한다. 사실 이런 달달한 추상명사가 주머니를 두둑하게 해 주지는 않는다. 그러나 비용으로 환원되지 않는 이러한 가치들을 지키는 일이 인간을 위기에서 구할 수 있는 중요한 무기라는 사실을 간과할 수 없다. 범세계적으로 대유행한 전염병코로나 19에 속절없이 붕괴된 여러 국가들의 의료 체계를 보자. 효율과 비용을 합리성의 기준 삼아 의료 공공성을 축소하려 했지만, 결국 공공성 보존이 옳았다는 방증 아닌가? 비용과 효율성을 따라 손익계산 따지는 장사꾼 정치를 했지만, 결국 예측 불가능한 대유행 전염병 앞에 정치 위기라는 역풍을 맞지 않았는가? 계산과 효율성을 제대로 따졌다면, 왜 이런 결과 산출되는가? 생명을 값으로 계산 결과, 생명을 다루는 보건 의료를 비용과 수익으로 나눴던 결과는 참담했다. 취약한 사람들을 인격체가 아닌 "비용"으로 다뤘던 결과를 우리는 똑똑히 목도하는 중이다.

이와 맞물려, 세계화를 위시한 시장 전체주의에 대한 탈신화화 작업이 필요한 시대가 되었다. 경제 제도를 넘어 하나의 신앙이 된 이 신화의 가면 벗기기가 필요하다. 로시는 이를 "직접 민주주의의 강화"로 이야기한다. 저자가 첫 머리에 선언했듯이 "무력한 사람들도 자기 이야기를 맘껏 떠들 수 있는 민주주의"의 직접성이 더욱 필요하다. 이것은 관료제 강화와 정치 혐오를 양산하는 오늘날 대의제 민주주의를 압박하고, 정치체의 양태를 보다 다양하게 가꾸는 작업이다. 대도시의 획일성에 매몰되는 삶이 아닌 지방 고유의 색깔이 다양하게 기능하는 삶, 특정한 주요 논제가 담론과 의제를 장악하는 방식이 아닌 자치와 자율성이 각 단위에서 일어나는 삶을 지향할 수 있는 민주주의가 필요하다. 이것은 주권자 자신의 생활 현장에서 맞부딪히는 일이며, 삶에 대한 자기 책임을 강하게 요구하는 일이다. 자율공생의 탈성장 사회는 이러한 획기적인 삶의 전환을 요구한다. 획기적인 삶의 변화 없이 경제, 기술, 정치, 생태환경에 서린 무제한 속도를 중단할 수 없기 때문이다. 그러나 그것은 이미 소비 사회와 기술의 편리함에 익숙한 현대인에게는 다소간의 불편함을 감수해야 하고, 성장이 아닌 탈성장을 선택해야 하는 일이므로 실현 가능성이 낮은 유토피아 담론처럼 보일 수 있다. 이러한 지적은 탈성장 운동가들이 풀이하고 설득해 나가야 할 크나큰 도전이자 과제일 것이다.

나가는 말

이 번역서는 지난 2002년에 초판 출간된 아킬레 로시의 『시장 신화』*Il mito del mercato*, 2004[2002] 재판의 완역본이다. 원어는 이탈리아어이며, 매끄러운 번역을 위해 필요한 부분은 국문에 맞게 다듬었다. 이 책은 분량은 작지만, 인간론의 정수를 짚었다는 점에서 결코 가볍지 않다. 또한 1세계와 3세계에 단절된 학문의 담론을 "생명"이라는 공통 주제로 엮을 수 있는 책이며, 겉보기에 배타적인 영역처럼 보이는 종교와 경제를 "인간론"이라는 공통 범주에서 사유할 수 있도록 가교를 놓은 책이다.

이 책을 출간한 이탈리아의 "알트라파지나" 출판사는 경제, 종교, 정치, 교육, 사회 분야의 대자본 점령에 반하는 지식인들과 대중들로 구성된 협동조합 소속이다. 협동조합이 발달한 이탈리아 사회의 특수성이 반영되었기도 하지만, 이러한 대중들의 자발적인 운동이 지역의 생활권을 지키고, 자문화의 독자성을 견지하는 데 만만치 않은 힘으로 작용한다.

한국의 독자들에게 익숙하지 않은 주제이자 생소한 지역에서 다룬 주제이기에 부분적으로 이해의 간극이 큰 지점도 있을 것이다. 그러나 이 책의 큰 줄기가 자본, 성장, 발전이라는 교조주의가 빚은 인간성 말살이라는 점을 놓치지 않는다면, 저자의 주장을 전유해 우리 자신의 토양을 되짚을 수 있는 좋은 계기가 되리라 생각한다. 추가로, 역자는 개신교 신자로서 이 책이 물량 신화에 경도된 한국의 개신교회들의 각성과 전환에 일조하기를 바란다. 역자 본인을 포함, 좋은 신자가 되는 일도 중요하지만, 좋은 소비자, 좋은 시민과 주권자가 되는 일에 고심하고 눈을 열 수 있기를 희망한다. 피안 세계의 구원에 대한 갈망만 고수할 것이 아니라, 생명체의 차안의 삶도 되돌아보고, 자교회의 성장과 발전에만 혈안이 될 것이 아니라, 두루 공생협력하면서 살아가는 법을 종교와 사회의 영역에서 보일 수 있기를 바란다.

감사의 글

번역본 출간을 위해 몇 차례 접촉하면서 저작권이나 출판권에 대해 "알트라파지나" 측이 보였던 태도는 역자에게 깊은 인상으로 남았다. 자본 논리보다 내용 보급의 중요성을 강조했고, 자신들의 사상에 공감하는 이방인이 있다는 사실을 반겼다. 지면을 빌어 거듭 감사의 말을 전하고 싶다.

또한 서적 번역을 흔쾌히 수락해 준 저자 아킬레 로시에게도 감사의 말을 전한다. 지금도 지역에서 묵묵히 대중들과 호흡하면서 자본을 위시한 시대의 우상들에 굴복하지 않고, 생명권과 인간다운 삶, 조화로운 문화에 대한 강연과 교육 활동을 이어가는 저자에게 깊은 존경과 박수를 보낸다.

덧붙여, 번역서 출간을 맡아 준 도서출판 대장간 배용하 대표에게도 감사의 말을 전한다. 좋은 음식은 굳이 떠벌리지 않아도 손님이 먼저 찾는다는 이탈리아 셰프들의 믿음처럼, 배 대표의 소신과 뚝심이 언제고 꽃 피울 수 있기를 간절히 바란다.

마지막으로, 이 책을 입체적으로 이해하는 데 필요한 참고 문헌 몇 가지를 아래 첨부하겠다. 국내외의 다양한 자료들이 있으나 국내에 번역된 자료들만 추렸다. 독자들의 사고를 확장할 수 있는 계기가 되리라 믿는다. 그리고 번역과 관련된 오류는 오롯이 역자의 책임이다. 독자들의 비판과 질정을 기다린다.

2020년 8월 10일

프랑스 스트라스부르

옮긴이 글 후주

1) 임수진, 『커피밭 사람들: 라틴아메리카 커피노동자, 그들 삶의 기록』(트랜스라틴 총서06), 서울: 그린비, 2011.

2) 앞의 책, 71쪽.

3) 앞의 책.

4) 라틴아메리카에서 활동했던 역자의 한 친구(목사)는 마약 조직에 가담한 청(소)년들을 조직에서 빼 내오는 현지 성직자들이 해당 조직의 보복을 당하는 일이 왕왕 일어난다는 이야기를 한 적이 있다. 한 인간의 삶의 방향을 두고 교회와 마약 조직이 경쟁 관계가 된 셈이다. 그리고 그것은 그 사회의 경제 구조와 결코 떼려야 뗄 수 없다.

5) Franz Hinkelammert, *La fe de Abraham y el Edipo occidental*, San José, Editorial Departamento Ecuménico de Investigaciones, 2000, p. 9.

6) Bernard Charbonneau et Jacques Ellul, *Nous sommes des r volutionnaires, malgr nous*, Paris, Seuil, 2014.

7) Jacques Ellul, *Le Bluff technologique*, Paris, Librairie Arth me Fayard/Pluriel, 2010, p. 685~712.

8) *Ibid.*, p. 89~162.

9) 발터 벤야민, 『종교로서의 자본주의』, 발터 벤야민 선집 5권, 최성만 역, 서울: 도서출판 길, 2008, 121~122쪽.

10) 성정모, 『욕망사회: 자본주의 시대 욕망의 이면』, 홍인식 역, 서울: 휴, 2016.

함께 읽을 책 _ 옮긴이 추천

루이스 멈퍼드, 『기술과 문명』, 문종만 역(책세상, 2013)

리카르도 페트렐라, 『물은 상품이 아니다』, 최기철 역(미래의창, 2004)

성정모, 『시장, 욕망, 종교』, 홍인식 역(서해문집, 2014)

성정모, 『욕망 사회』, 홍인식 역(휴, 2106)

세르주 라투슈, 『낭비 사회를 넘어서』, 정기헌 역(민음사, 2014)

세르주 라투슈, 『발전에서 살아남기』, 이상빈 역(민음사, 2015)

세르주 라투슈, 『탈성장 사회』, 양상모 역(오래된생각, 2014)

앙드레 고르스, 『에콜로지카』, 임희근/정혜용 역(갈라파고스, 2015)

엔리케 두셀(뒷셀), 『공동체 윤리』, 김수복 역(분도출판사, 1990)

이반 일리치, 『누가 나를 쓸모없게 만드는가』, 허택 역(느린걸음, 2014)

이반 일리치, 『행복은 자전거를 타고 온다』, 신수열 역(사월의책, 2018)

자끄 엘륄, 『인간을 위한 혁명』, 하태환 역(대장간, 2012)

자코모 달리사 외, 『탈성장 개념어 사전』, 강이현 역(그물코, 2018)

장 보드리야르, 『소비의 사회』, 이상률 역(문예출판사, 1992)

칼 폴라니, 『거대한 전환』, 홍기빈 역(길, 2009)

코르넬리우스 카스토리아디스, 『사회의 상상적 제도 1』, 양운덕 역(문
　　예출판사, 1994)

프란츠 힌켈라메르트, 『물신』, 김항섭 역(다산글방, 1999)